Regula Studer Schafflützel

Nicht für immer traurig

Regula Studer Schafflützel

Nicht für immer traurig

Frauen in der Bibel

Fromm Verlag

Imprint

Any brand names and product names mentioned in this book are subject to trademark, brand or patent protection and are trademarks or registered trademarks of their respective holders. The use of brand names, product names, common names, trade names, product descriptions etc. even without a particular marking in this work is in no way to be construed to mean that such names may be regarded as unrestricted in respect of trademark and brand protection legislation and could thus be used by anyone.

Cover image: www.ingimage.com

Publisher:
Fromm Verlag
is a trademark of
International Book Market Service Ltd., member of OmniScriptum Publishing Group
17 Meldrum Street, Beau Bassin 71504, Mauritius

Printed at: see last page
ISBN: 978-620-2-44240-4

Inhalt

Hanna

zu Lukas 2,36-38

Ich habe so lange gewartet. Auf diesen Tag, auf diese Stunde, auf diesen Augenblick. Ich wollte dieses Kind sehen. Daraufhin hatte ich gelebt.

Mein Leben war schon früh zu Ende. Bevor es richtig begonnen hatte. Ich hatte geheiratet und sieben Jahre lang auf ein eigenes Kind gehofft. Dann war mein Mann gestorben. Auf einen Schlag waren alle meine Träume zunichte. Niemand mehr würde mich heiraten wollen. Es war bekannt, dass ich so lange kein Kind bekommen hatte. Ich war nichts wert. Der Schmerz zerriss mich beinahe. Ich hatte meinen Mann verloren und alle meine Hoffnungen sind gestorben. Wozu sollte ich überhaupt noch leben? Wochenlang verzehrte mich die Trauer. Was war nun geblieben von dieser jungen, kämpferischen, fröhlichen Hanna, die ich einmal war? Es gab sie nicht mehr. Ich war nichts mehr. Ein Niemand. Was tut man, wenn man nichts mehr zu hoffen hat? Wenn man alles verloren hat? Wenn man sich selber nicht mehr kennt? Was tut man, wenn niemand da ist, der einem herausholt und aufmuntert; der einem in die Arme schliesst und küsst? Was tut man, wenn man überall nur schrägen, mitleidigen Blicken begegnet? Was tut man dann?

Ich wollte mich verkriechen. Mich verstecken. Wenigstens diese Blicke nicht ertragen müssen. Aber in der Einsamkeit heilte mein Schmerz auch nicht. Er begann zu gären. Wurde zur Bitterkeit. Nein, in meiner dunklen Kammer konnte ich nicht den Rest meines Lebens verbringen. Aber wo dann? Wo gab es einen Platz für mich?

In dieser Zeit begann ich, den Tempel zu besuchen. Immer öfter ging ich hin.

Und langsam, ganz langsam begann ich wieder zu träumen. Nicht mehr meine eigenen Träume. Meine Gedanken kreisten nicht mehr unablässig um mein eigenes Leben, meinen Schmerz und meine zerstörten Hoffnungen. Langsam wuchs ich in Gottes Gedanken und Träume hinein. Ich träumte von einem Kind. Ich, die Kinderlose, die Witwe – ich durfte von einem Kind träumen! Mein Traum war nicht mehr klein und beschränkt auf mein eigenes Leben. Mein Traum war gross geworden. Viel grösser. Ich träumte von dem Kind, das die ganze Welt retten und verändern wird. Ich träumte von einer Familie, die Tausende umfassen würde. Ich träumte von einem himmlischen Vater.

Die Leute belächelten mich, wenn ich ihnen von meinem Baby-Messias-Traum erzählte. Was sollte ein kleines Kind schon verändern? Wir brauchten Krieger, Soldaten, Weise, wenn wir denn die Welt verändern wollten. Kein Römer würde vor einem Baby kapitulieren. Und was für Ratschläge sollte denn ein kleines Kind in all die Herausforderungen des Lebens sprechen können? Nein, Gott würde kein Kind als Retter senden.

Ich lächelte in mir, wenn ich sie so sprechen hörte. Ich wusste, wie sehr sie gerade ein Kind nötig hätten. Jemand, der sie herausholen würde aus ihren kämpferischen und egoistischen Gedanken. Jemand, der ihr Herz weich werden lassen würde. Jemand, der ihre Fähigkeit zu lieben wieder wecken würde. Jemand, der auf ihre Fürsorge und Behutsamkeit angewiesen wäre, so dass sie die Schwerter auf die Seite legen müssten, wenn sie denn dem Messias begegnen wollten.

Ich wartete auf dieses Kind. Viele, viele Jahre lang. Ich zweifelte nicht daran, dass es kommen würde. Zutiefst war mir bewusst, dass ich da Gottes ganz eigenen Traum mit träumte. Gott hatte seine Hoffnung in mein Herz gelegt und ich behütete sie.

Dann kam dieses Paar in dem Tempel. Die junge Mutter hielt ihr Kind auf dem

Arm. Ich hatte den Eindruck, ich sähe mich selber, wie ich als junge Mutter meinen Sohn zur Darstellung in den Tempel brachte. Hier war ich. Hier war das Kind. Das Kind auf das ich so lange gewartet und gehofft hatte.

Ich trat zu der jungen Frau hin. Schaute ihr in die Augen. Wir sahen uns an. In diesem Augenblick wussten wir beide, dass etwas geschah, das weit über uns hier und jetzt hinausging. Wir ahnten, dass sich der Himmel geöffnet hatte. Wir schauten miteinander auf das Kind, das in ihren Armen lag. Ja – so lagen auch wir in Gottes Armen. So völlig auf ihn angewiesen und hilflos, an seiner Brust beschützt und geborgen. Wir wussten es beide. Um dieser Begegnung willen lebten wir. Es war das Kind, das meine Wunden heilte.

Ich hörte Gott flüstern: Mein Kind.

Und eine ganz neue Welt tat sich auf. Die Welt der Kinder. Die Welt der Kinder Gottes.

Die Frau von Pontius Pilatus

zu Matthäus 27,11-26

Frau:

Tu es nicht! Ich flehe dich an – tu es nicht! Lass diesen Mann nicht hinrichten. Kreuzige ihn nicht. Es ist nicht recht. Du machst dich schuldig.

Pontius Pilatus:

Nein, das mache ich nicht. Ich wasche meine Hände in Unschuld. Niemand wird mir etwas vorwerfen können. Ich habe das Beste getan. Ich konnte ihn nicht retten. Es lag nicht an mir, diesen Tod zu verhindern.

Frau:

Doch, es liegt an dir. Du weißt, dass er unschuldig ist und du hast die Macht, ihn zu schützen.

Pontius Pilatus:

Wenn ich ihn schütze, dann verlier ich meine Macht und mein Ansehen. Das kann ich mir nicht leisten.

Frau:

Mein Gott – weißt du denn, welchen Preis du da bezahlst?! Das Blut wird von der Erde schreien! Über Jahrtausende hinweg wird seine Stimme durch die Welt raunen: Gekreuzigt unter Pontius Pilatus, gekreuzigt unter Pontius Pilatus... Bis zum Himmel wird die Stimme des Blutes zu hören sein. Vor Gott noch wird es heissen: Gekreuzigt unter Pontius Pilatus...

Es gibt keine Unschuld, wenn du tust, wovon du weißt, dass es nicht recht ist!

Hör auf! Bitte! Noch kannst du es stoppen! Noch liegt es in deiner Hand, ob

Jesus gekreuzigt wird oder nicht. Was soll ich denn noch tun? Ich kann nicht mehr, als dich zu warnen. Bitte tue es nicht!

Ich weiss, dass ich dich nicht stoppen kann. Wenn du nur die Verzweiflung und die tiefe Traurigkeit darüber in meinem Herzen spüren könntest. Vielleicht würdest du dann umkehren?! Vielleicht aber auch nicht. Vielleicht wäre dir auch das egal.

Worum geht es dir denn? Einfach nur darum, dass du so leben kannst, wie du dir einbildest, dass du leben müsstest? Geht es dir um deinen Ruf vor dem Volk?

Oh – wenn du wüsstest, was Generationen über Generationen für einen Ruf mit deinem Namen verbinden werden: Gekreuzigt unter Pontius Pilatus...

Was du jetzt zu retten versuchst, verlierst du genau wegen diesem Ruf. Du kannst dein Leben nicht retten; und auch deinen Ruhm nicht. Nicht einmal all die Freuden und die Lüste, die du dir dank deines Namens heute noch befriedigen kannst. Sie vergehen!

Es bleibt nichts! Nichts als die Finsternis, die sich über dich legt und das Blut, das von der Erde schreit: Gekreuzigt... unter Pontius Pilatus.

Wenn du all die Tränen zählen könntest, die ich um dich weine. Könnte dich das erweichen? Wo ist dein Herz? Was ist aus dir geworden?

Du sagst, es sei alles nicht so schlimm. Tausende haben schon Ähnliches getan. So etwas passiert immer wieder. So ist halt die Welt.

Aber merkst du denn nicht, dass es heute d u bist? Heute hast d u deine Chance! Morgen ist sie vorbei. Irgendwann gibt es kein Zurück mehr. Mein Gott – wenn ich dich doch nur aufhalten könnte! Wieder weine ich und weine und weine.

Ich habe dich gewarnt. Mehr konnte ich nicht tun.

Jesus:

Doch, du kannst noch mehr tun. Ich werde in Kürze gekreuzigt. Komm mit mir. Schau, was ich bereit bin zu tun – aus Liebe. Ich werde gekreuzigt unter Pontius Pilatus. Ich werde gekreuzigt für Pontius Pilatus. Ich gebe mein Leben hin, weil ich nicht gewillt bin, meine Liebe aufzugeben. Sie können mich töten. Aber sie können mich nicht dazu zwingen, sie zu hassen. Ich halte an meiner Liebe fest. Ich liebe sie noch mitten im Tod.

Meine Liebe wird stärker sein. Sie wird den Tod überwinden. Mein Blut wird vergossen zur Vergebung. Über Jahrtausende wird man sich den Kelch reichen mit meinem Blut des neuen Bundes. Mein Blut wird flüstern: Ich vergebe dir. Ich vergebe dir, weil ich dich liebe.

Geh hin zu deinem Mann und reiche ihm den Kelch mit meinem Blut. Halte an diesem Kelch fest. Reich ihn ihm immer wieder. Liebe ihn. Vergib ihm.

Wenn du d a s getan hast, dann kannst du nicht mehr mehr für ihn tun. Dann hast du alles getan. Mehr kann ich auch nicht tun. Liebe kann nicht zwingen – weil sie dann keine Liebe mehr ist.

Frau:

Ich ging hin. Ich tat, was Jesu mir gesagt hatte. Ich blieb an der Seite meines Mannes. Ich hielt zu ihm. Ich war bei ihm, wenn ihn die Schuld halb in den Wahnsinn trieb. Ich war bei ihm, wenn er schlecht schlief; die Bilder von der Kreuzigung im Kopf, die ihn umtrieben und nicht los liessen. Ich war bei ihm, wenn er tobte und wütete und um sich schlug. Ich war bei ihm. Reichte ihm den Kelch. Oft genug schmetterte er ihn an die Wand - ohne daraus zu kosten. Das Blut verspritzend in unseren Gemächern. Von den Wänden lief es, auf dem Boden sammelte es sich. Ich wischte es auf. Weil ich daran glaubte, dass dieses Blut stärker war als aller Hass.

Dann kam jene letzte Nacht. Ich wurde an das Bett meines Mannes gerufen. Er hatte nur noch wenige Stunden vor sich. Er schwitzte Blut vor Angst. Ich nahm ein Tuch; trocknete sein Gesicht. Ich nahm den Becher. Hielt ihn an seine dürren Lippen, aus denen längst alles Blut gewichen war. Und er trank!

Ich weinte und weinte. Wie ich damals geweint hatte, als ich ihn nicht davon abhalten konnte, zu tun, was er getan hatte. Aber heute waren es Tränen der Freude und der Erleichterung. Es hatte sich gelohnt auszuhalten. Ich hatte durchgehalten – bis zum Ende. Die Liebe war stärker. Ich setzte den Becher an meine eigenen Lippen. Trank in grossen Schlucken. Dieses Blut hatte mich am Leben erhalten. Dieses Blut war in mein Herz ausgegossen. Diese Liebe.

Ich bin die Frau des Pontius Pilatus. Mehr braucht niemand zu wissen. Mein Name ist nicht wichtig. Ich bin die Frau, die Pontius Pilatus geliebt hat – bis zum Schluss.

Marias Abschied von Elisabeth

zu Lukas 1,39-45

Nun musst du gehen. Ein neues Leben wartet auf dich. Als Mutter deines Sohnes. Ein langer Weg liegt vor dir.

Wie gerne würde ich mit dir kommen. Aber das geht nicht. Ich muss hier bleiben. Muss meinem Sohn ins Leben helfen. Auch wenn ich mich noch so sehr freue auf diese Aufgabe – es tut mir unendlich weh, dass wir uns trennen müssen. Es zerreisst mir das Herz, dich ziehen lassen zu müssen. Ich stehe unter der Tür und winke dir nach. Tränen in den Augen. Diese Zeit wird niemals wieder kommen. Wir hatten einander. Beide bereiteten wir uns vor und wuchsen in unsere Berufung als Mutter hinein. Beide haben wir ein Wunder erlebt – und das Wunder unseres Zusammenseins. Jede Stunde mit dir habe ich genossen. Jeder schwierige Tag, den wir zusammen durchgestanden haben, hat uns einander näher gebracht. Jede Freude, die wir teilten, hat unsere Freundschaft kostbarer werden lassen.

Nun müssen wir das alles loslassen. Weshalb? Weshalb kann es nicht immer so weiter gehen? Weshalb musst du fort? Weshalb muss ich hier bleiben? Alles in mir lehnt sich auf dagegen.

Aber da sind unsere Kinder. Jeder von ihnen hat seinen eigenen Weg zu gehen. Und wir sind da, sie zu begleiten. Nie ist es mir so schwer gefallen, diese Aufgabe anzunehmen wie heute. Heute, wo es mich deine Freundschaft kostet. Dabei weiss ich, dass es gerade unsere Kinder sind, die uns so tief miteinander verbunden haben. Ohne unsere Söhne wären wir schon gar nie zusammengekommen. Nicht so tief. Und vielleicht bleiben wir ja auch miteinander verbunden – durch unsere Söhne. Unsere Geschichten sind miteinander verwoben. Unsere Namen werden zusammen bleiben. Diese Tage, die wir miteinander lebten, werden nie verloren gehen. Gott hat einen Schatz in unsere Herzen gelegt: das Wissen darum, dass wir nicht alleine sind. Wir tun unsere Aufgabe. Wir gehen den Weg weiter. Beide. Darin bleiben wir verbunden. Wir geben nicht auf. Wir bleiben treu. Wir lieben - durch alles hindurch. Miteinander werden wir erleben, dass die Liebe siegt. Dass sie stärker ist als jede Trennung. Stärker sogar als der Tod. Auch unsere Liebe. Gott hat sie uns geschenkt. Nichts kann sie zerstören. Nichts. Wir werden wieder zusammen sein. In Ewigkeit. Wir werden weinen vor Freude – weil es keine Tränen mehr geben wird, keinen Abschied mehr – nie mehr.

Heute weine ich vor Schmerz. Wir werden noch viele Tränen weinen vor Schmerz. Aber auch sie verbinden uns. Weil es dieselben Tränen sind. Tränen aus Liebe. Also weinen wir. Ich schenke dir meine Tränen. Zum Abschied. Ich schenke dir meine Liebe. Ich schenke dir meine Hoffnung. Es wird vollendet werden, was gesagt ist von dem Herrn. Es wird vollendet werden.

Und nun lass ich dich gehen.

Die Frau mit dem Salböl

zu Matthäus 26,1.2.6-11 / Markus 14,3-9

Wie sehr habe ich als junges Mädchen davon geträumt, dass sich die Welt einmal an meinen Namen erinnern soll.

Sie tut es nicht.

Und das ist gut so.

Denn sie erinnert sich an etwas viel Wichtigeres: Sie erinnert sich an d e i n e n Namen. Und sie erinnert sich daran, was ich für dich getan habe. Das allein zählt. Nichts anderes hat Bedeutung. Alles andere ist klein und nichtig im Vergleich dazu. Dein Name zählt. Dein Name ist der Name über allen Namen.

Ich bin die Frau – die Frau, die dich liebte und die dich salbte. Das genügt.

Ich bin tot. Aber mein Name und meine Geschichte sind aufgehoben in deinem Namen. Du bist meine Erinnerung. Mit dir bleibe ich in Ewigkeit. Du und ich – nichts kann uns jemals trennen. Nicht einmal der Tod konnte es, für den ich dich gesalbt hatte. Damals dachte ich noch, ich würde dich verlieren. Ich hatte solche Angst; war so verzweifelt. Als ich dich salbte, wollte ich dir noch einmal zeigen, wie sehr ich dich liebe; dass du alles für mich bist.

Ich habe dich nicht verloren. Du nahmst mich mit in deine Geschichte hinein.

Ich starb – mit dir; und ich bin mit dir auferstanden. Wir leben in Ewigkeit – miteinander. Unsere Geschichte geht weiter.

Ich bin die Frau, die dich salbte. Für immer.

Die Ehebrecherin

zu Johannes 8,3-11

Frau des Mannes, mit dem die Ehebrecherin die Ehe gebrochen hat:

Tötet sie, bringt sie um, steinigt sie – all die Huren und Nutten und Ehebrecherinnen! Ich hasse sie so tief, wie man nur hassen kann. Wenn du sie nicht tötest, dann bringe ich sie um. Das Feuer des Hasses verzehrt mich beinahe Sie hat mir meinen Mann gestohlen. Nie wieder werde ich ihn zurück haben, als den, der er einmal war. Ich habe ihm gehört und er mir. Nun ist das heilige Band zerbrochen. Diese Nutte ist in unsere tiefste Gemeinschaft eingedrungen. Sie ist nun immer da – mit gegenwärtig. Was passiert ist, lässt sich nie mehr auslöschen. Die Erinnerung, die Bilder sterben nicht.

Soll wenigstens sie sterben – diese Frau.

Jesus, weißt du, was diese Nutte getan hat?! Du musst sie verurteilen. Du kannst sie nicht einfach laufen lassen.

Ja, ja, du hast recht. Sie ist nicht die einzige, die schuldig ist. Mein Mann ist es genauso. Aber es ist so viel leichter sie zu hassen. Sonst verliere ich ihn nochmals. Mein Hass würde ihn verbrennen. Aber das will ich nicht. Ich will ihn doch nicht verlieren!

Was mach ich nun mit all dem Hass? Sie muss ihn tragen. Sie hat ihn verdient. Es war ihr ja egal. Sie hat nie nach mir gefragt. Es war ihr völlig gleichgültig, ob ich leiden würde oder nicht. Wenn nur sie haben konnte, was sie haben wollte. Es war ihr sogar egal, ob es mich gibt oder nicht. Oh, mein Gott, wie ich sie hasse!

Deine Gnade mit ihr stimmt mich nicht milder. Beileibe nicht. Einzig, dass du ihr gesagt hast, sie soll damit aufhören, befriedigt mich.

Obwohl ich sie ja kenne – die hört sowieso nicht auf. Nicht die. Die lebt doch von ihrer Hurerei.

Und was mach ich jetzt?

Jesus:

Auch du - geh hin und sündige fortan nicht mehr.

Du hast gekämpft um deine Ehe. Du hast gelitten. Du hast geweint, geschrien, getobt. Du hast gehasst mit all dem Hass, den nur empfinden kann, wer wahrhaft liebt. Das war gut so.

Aber nun ist es genug. Denn heilsam ist auch das nicht. Auch der Hass zerstört die Beziehung, nicht nur der Ehebruch. Und er zerstört dich. Wirf den Stein auch nicht gegen dich.

Hör auf damit.

Frau:

Aber das kann ich nicht.

Jesus:

Doch. Du bist nicht der Richter. Richten wird ein anderer. Er wird gerecht richten. Er wird dich anhören. Er wird dich wahrnehmen und ernst nehmen. Er wird dich sein Urteil verstehen lassen. Darum brauchst du dich nicht zu kümmern.

Du wirst verstehen, warum er vergibt, wenn er vergibt. Umgeben, erfüllt von seiner Liebe, wirst du lieben können, wo du jetzt nur hassen kannst.

Frau:

Jesus, du hast dein Leben hingegeben zur Vergebung der Sünden. Ich weiss, wie viel dich das gekostet hat. Wie unsäglich du gelitten hast. Ich weiss, dass du es auch für sie getan hast. Ich will dein Opfer nicht wertlos machen. Wenn sie bereit ist, es anzunehmen, dann will auch ich vergeben.

Und dann wird sie hingehen und wirklich damit aufhören.

Und ich auch.

Ich überlasse dir meinen Hass.

Die Braut von Kana

zu Johannes 2,1-11

Wie habe ich diesen Tag genossen. Ich durfte hübsch sein. Ich war die Königin. Für einen Tag lang galt alle Aufmerksamkeit mir. Ich bin geschwelgt in diesem Gefühl der Wichtigkeit und Besonderheit. Ich fühlte mich getragen von all dem Wohlwollen und all der Freude. Mein Bräutigam hat sich um mich gekümmert und mir jeden Wunsch von den Augen abgelesen. Er wollte das allerschönste Fest für mich bereiten. Ich kam mir vor, wie in einem Traum. Einen ganzen Tag lang durfte ich träumen. Die Arbeit machten andere. An diesem Tag durfte ich einfach nur sitzen und geniessen.

Erst später habe ich mitbekommen, was für ein Wunder Jesus gewirkt hatte, damit dieses Fest überhaupt möglich wurde; damit es nicht plötzlich zu Ende ging; damit wir nicht einen bitteren Nachgeschmack gehabt hätten von unserem Fest. Jesus war einer unserer Gäste. Seine Mutter, die ebenfalls anwesend war, machte ihn darauf aufmerksam, als der Wein auf unsrem Fest ausgegangen war. Jesus tat ein Wunder. Er liess unsere Diener Steinkrüge mit Wasser füllen – und verwandelte das Wasser in Wein. Sehr guten Wein. Wein von dem unsere Gäste später noch lange zu erzählen wussten. Wein, der sprichwörtlich wurde. Wein, der noch Tausende von Jahren später getrunken werden sollte. Wein, der nie ausging. Dieser Wein hat geholfen, dass unser Fest weiter gehen konnte. Er hat unserem Dorf ein Fest ohne Ende bereitet. Unseren Wein kennt man auf der ganzen Welt. Wegen unserem Fest. Wegen Jesus. Wein, der aus Wasser entstanden ist.

Nie, mein ganzes Leben lang, habe ich unser Fest vergessen. Ich wusste immer:

da ist jemand, der möchte, dass es mir gut geht. Da ist jemand, der alles dafür tut, damit auch ich einmal feiern und fröhlich sein darf. Jemand, der sogar bereit ist, ein Wunder zu wirken, damit ich einmal die Königin sein darf. Ich hatte immer den Eindruck, Jesus hat dieses Wunder ganz allein für mich getan. Damit ich nie vergesse, dass ich wertvoll bin; dass Gott es mir gönnt, feiern zu dürfen.

Der Wein blieb mir mein Leben lang ein Zeichen. Jedes Mal, wenn ich Wasser vor mir sah – wenn ich nicht wusste, wie aus einer Situation oder einer Sache noch etwas Rechtes werden sollte, dann dachte ich an diese sechs Krüge. In sie hat Jesus auch nur Wasser schöpfen lassen. Mehr gab es nicht. Ich kann nur mit Wasser schöpfen. Mehr habe ich nicht. Aber Jesus kann Wein daraus machen. Jesus kann auch aus meinem kleinen Beitrag etwas Besonderes machen. Mein Wasser, das ich schöpfen kann, reicht, um andere zu bedienen und sie zu erfreuen. Was ich tue reicht. Nicht ich muss die Wunder wirken. Das macht ein anderer. Ich muss nur das Wasser schöpfen. Jesus macht das Wasser zu Wein.

Und wie oft hat mich dieses Bild, diese Wahrheit rein gemacht; gereinigt von Selbstvorwürfen, von Selbstverurteilung, Selbstmitleid, von Enttäuschung und Verzweiflung. Das Wasser in den Krügen für die Reinigung, das Wasser meiner Hochzeit hat mich immer und immer wieder rein gewaschen – so dass ich immer wieder die Braut sein durfte. Die Braut im makellosen, rein gewaschenen, weissen Kleid. Mein Leben lang. Das Wunder meiner Hochzeit hat mein Leben immer wieder zu einem Fest werden lassen. Etwas von dem Hochzeitsfest ist geblieben; es ist mein ganzes Leben lang nicht zu Ende gegangen. Der Wein hat gereicht. Bis zum Schluss.

Und ich weiss, dass ich wieder trinken werde vom Gewächs des Weinstocks, dort im Reich Gottes; mit ihm – der das Wunder meines Lebens gewirkt hat.

Nicht mehr lange und ich werde ihn sehen. Und aus dem Wasser meines Lebens wird ewiger Wein. Ein ewiges Fest, das nie mehr enden wird.

Es hat sich gelohnt zu leben.

Um dieses Wunders Willen.

Wegen ihm.

Die verkrümmte Frau

zu Lukas 13,10-17

18 Jahre lang war ich verkrümmt. 18 Jahre lang konnte ich mich nicht aufrichten. 18 lange Jahre, in denen ich nur den Boden vor meinen Füssen sah. 18 Jahre lang habe ich den Himmel nicht gesehen. 18 Jahre lang nicht mehr zu träumen gewagt.

Es hat schleichend begonnen. Ich liess mich niederdrücken von den anderen. Ich dachte, sie seien alle besser und reicher, stärker, gescheiter und hübscher als ich. Ich senkte meinen Blick. Ich legte mir die Last auf, ihnen gefallen zu wollen. Ich forderte immer mehr von mir. Ich würde sie überflügeln müssen, wenn sie mich denn wahrnehmen sollten. Meine Flügel brachen unter diesem Druck. Von oben schauten sie auf mich herab.

Ich krümmte mich zusammen vor Schmerz. Ich kämpfte weiter. Den Blick zum Boden gerichtet. Immer weiter. Sie würden mich nicht besiegen können. Ich lebte - verkrümmt.

Mein Gott – 18 Jahre. Du weißt wie treu ich war. Ich blieb dem Leben treu. Ich blieb dir treu. Ich gab nicht auf. 18 Jahre lang.

Ich ging auch an jenem Sabbat in die Synagoge. Wie immer.

In mich selber verkrochen sass ich da.

Da spürte ich plötzlich, wie ein Blick über mich strich. Nicht ein Blick, der mich ducken liessen. Ein zärtlicher Blick, der meine Augen zu sich emporziehen wollte.

Und dann hörte ich die Stimme, die mich rief. Er wollte mir begegnen. Wieso mir? Sah er denn nicht, dass ich es nicht wert war?

Ich duckte mich noch ein bisschen mehr. Ich konnte ihm nicht bieten, was er suchte. Ich war keine gute Gesprächspartnerin. Was sollte ich ihm denn schon erzählen? Von all der Mühsal und der Last meines Lebens? Niemand wollte so etwas hören. Er sollte jemand anders ansprechen. Nicht mich. Ich kann sowieso nichts.

Aber er sprach mich an:

„Frau, du sollst von deinem Leiden erlöst sein."

Mein Gott – ich? Ich war so überrascht, dass ich meinen Blick hob. Ich sah in sein Angesicht. Ich streckte mich diesem Angesicht entgegen. Ich wuchs richtiggehend auf ihn zu. Und stand. Mit einem Mal stand ich vor ihm. Gerade aufgerichtet. Ich spürte seine Hände auf meinem Kopf. Sie schienen mich hochzuziehen. Nicht mehr der Druck von oben, der mich niederdrückte. Ein Blick, eine Berührung von oben, die mich aufrichteten.

Ich stand da. Vor diesem Mann. Schaute in seine Augen. Sah in ihnen so viel Liebe, dass ich es nicht fassen konnte. Ich gab mich diesem Augenblick hin. Ich wusste, dass er mich liebte. Ich las aus seinen Augen, wie wertvoll ich für ihn war.

Ich lächelte. Ganz leise. Und sagte: Danke.

Er lächelte zurück.

Ich hob meine Flügel. Sein Atem hob mich empor.

Ich konnte den Himmel wieder sehen.

Ich konnte fliegen. Seine Liebe trug mich.

Sie versuchten mich zurückzuholen. Die von oben. Sie sagten dem Mann, dass er am Sabbat in der Synagoge nicht heilen dürfe. Sie pochten darauf, dass ich es nicht wert sei, dass man sich meiner annehme.

Aber sie konnten mich nicht mehr niederdrücken. Wie ein Vogel entfloh ich dem Getümmel. Ich schaute zurück und sah, wie er sich für mich wehrte.

Er liebte mich. Wer konnte da noch gegen mich sein? Sollten sie doch schimpfen und reden. Er würde mich verteidigen. Ich war es ihm wert!

Leise lächelte ich.

Salome

zu Matthäus 14,1-12 / Markus 6,14-29

Ich heisse Salome. Ich bin nicht einfach nur die Tochter meiner Mutter. Nicht mehr. Zu lange – viel zu lange – habe ich dafür gelebt, meiner Mutter zu gefallen und sie zufrieden zu stellen. Sie war eine grosse, stolze, schöne Frau. Sie wusste immer haargenau, was sie wollte. Sie war stark. Sie setzte sich durch. Als sie meinen Vater nicht mehr liebte, suchte sie sich einen anderen Mann. Sie begann mit dem Bruder meines Vaters zu flirten. Alles habe ich mitbekommen - alles. Ich war damals noch ein kleines Mädchen und immer in der Nähe meine Mutter. Ich beobachtete genau, wie sie Herodes um den Finger wickelte. Ich bewunderte sie. Wenn sie ein Zimmer betrat, dann richteten sich alle Augen auf sie. Jeder musste sie anschauen. Eine blendende Schönheit. Intelligent und skrupellos. Die Männer lagen ihr zu Füssen. Meine Mutter scheute sich nicht davor, über sie hinweg zu treten. Sie tat, was sie wollte. Und sie hatte es sich in den Kopf gesetzt, dass sie Herodes wollte. Was für ein Skandal! Was für ein Drama entstand aus dieser Geschichte. Meine Mutter brach die Ehe – und dann erst noch mit dem Bruder meines Vaters! Die Welt hielt den Atem an. Und meine Mutter genoss es. Sie liebte die Aufregung um ihre Person. Was recht oder falsch war, kümmerte sie nicht. Sie wollte das Leben in vollen Zügen geniessen und nichts sonst. Wenn andere dabei zu Schaden kamen, dann war ihr das egal.

So sind wir denn an den Hof von Herodes gezogen. Er umgab uns mit allem nur erdenklichen Luxus. Meine Mutter war sehr zufrieden.

Langsam kam ich in ein Alter, in dem ich für meine Mutter interessant wurde.

Vorher hatte sie mich kaum wahrgenommen. Aber jetzt, wo ich zu einer jungen Frau heranwuchs, begann sie sich um mich zu kümmern. Ich sollte in allem ihrem Vorbild folgen. Sie wollte mit mir auftrumpfen. Ich sollte die Erfolge in ihrem Leben fortsetzen. Sie wollte aus mir eine Krone machen, um sie ihrem Leben aufzusetzen.

Ich musste mit ihr zusammen Massagen besuchen, Bäder nehmen. Wir liessen uns salben und parfümieren. Immer neue Düfte lernte ich kennen. Bei jedem neuen Duft erklärte sie mir, was ich mit ihm erreichen könne. Der eine Duft würde die Männer in Trance versetzen, ein anderer sollte sie erregen. Und dann all die Kleider und der Schmuck. Stunden brachten wir damit zu, uns neue Kleider anzupassen und nähen zu lassen. Sie lehrte mich die teuersten Stoffe von den billigen zu unterscheiden. Sie lehrte mich alles über die Wirkung und das Zusammenspiel der Farben. Ich lernte jede Art von Edelsteinen kennen und konnte mit der Zeit perfekt geschliffene Steine von schlecht geschliffenen unterscheiden. Meine Mutter überliess nie etwas dem Zufall. Jeder ihrer Auftritte war bis ins letzte Detail geplant. Ihre Wirkung war haargenau kalkuliert. Und sie verlangte von mir dieselbe Perfektion.

Sie lehrte mich tanzen. Stunden lang musste ich trainieren. Ich wusste genau, wie ich die Hüften schwingen musste, die Ketten an Armen und Fussgelenken spielen lassen und wie ich meine Reize zur Schau stellen musste. Sie erklärte mir, welche Bewegungen die Männer erregen werden. Sie übte mit mir die Tänze bis aufs i-Pünktchen. Sogar mein kleiner Finger war in der genau richtigen Art nach aussen abgespreizt und jeder Augenaufschlag erfolgte zum exakt festgelegten, perfekten Zeitpunkt.

Ich war eine gehorsame Tochter und eine gute Schülerin. Ich tat alles dafür, dass meine Mutter mit mir zufrieden war.

Dann kam der grosse Tag. Herodes veranstaltete ein Fest. Ich musste tanzen.

Ich starb beinahe vor Aufregung und vor Angst. Meine Mutter stand im Hintergrund des Saals, der mit lauter schon sehr angeheiterten Männern angefüllt war. Ich wusste, dass sie jede meiner Bewegungen beobachten würde. Wenn ich nur keinen Fehler machen würde. Ich musste meinen Tanz perfekt vortragen. Wenn ich versagen würde, dann würde sie mir das niemals verzeihen. Mein Herz pochte bis zum Hals. Alle Blicke dieser Männer waren auf mich geheftet. Die Musik begann zu spielen. Ich begann meinen Körper zu bewegen, so wie ich es gelernt hatte. Ich spürte, wie die Männer erregt wurden. Da wurde ich selber immer mehr mitgerissen. Ich genoss diese brennenden Blicke. Die Erregung, die in der Luft lag, beflügelte mich. Ich tanzte. Ich flog. Zum ersten Mal in meinem Leben stand ich im Mittelpunkt. Nun schauten die Männer auf mich. Nicht auf meine Mutter. Ein Triumphgefühl stieg in mir hoch. Ich wurde richtig übermütig und liess die Männer noch eine Spur mehr von meinem Körper sehen, als meine Mutter es mich gelehrt hatte. Ich würde meine Mutter übertrumpfen!

Nach meinem Tanz waren die Männer erhitzt und ausgelassen. Herodes rief mich zu sich. Er sagte zu mir: „Bitte von mir, was du willst, ich will es dir geben.“ Ich hatte es geschafft! Diese Männer lagen mir zu Füssen. Ich hatte gesiegt.

Aber nur zu genau wusste ich, dass meine Mutter im Nebenzimmer auf mich wartete. Mein ganzes Leben hing von ihr ab. Ich durfte sie nicht vor den Kopf stossen.

Schnell ging ich heraus, um sie zu fragen, was ich von Herodes erbitten sollte.

Sobald ich sie sah, entdeckte ich die Veränderung in ihrem Blick. Neben dem Stolz, den ich so gut kannte in ihren Augen, war da etwas ganz Neues. Ein giftiges Strahlen. Es traf mich wie ein Dolch. Ich zuckte zusammen unter diesem Blick. Das war nicht mehr einfach nur meine Mutter, die da vor mir stand. Das war auch meine Feindin. Ich war eine zu gute Schülerin gewesen. Meine Mutter ertrug es nicht, dass ich sie überflügelte. Ich sollte glänzen neben ihr – aber nicht über ihr. Die Eifersucht machte meine Mutter hart. Viel härter noch, als sie es sonst schon war. Ich wusste, dass ich würde büssen müssen.

Und sie hat mich büssen lassen. Mein Gott, noch jetzt halte ich es kaum aus, wenn ich mich zurückerinnere. Sie verlangte von mir, dass ich Herodes um den Kopf von Johannes dem Täufer bitten solle. Ich, die ich kein Blut sehen kann. Ich werde schon beinahe ohnmächtig, wenn ich mir in den Finger schneide. Ich – ausgerechnet ich, sollte den Kopf dieses Mannes auf einer Schale halten. Nein, das konnte sie nicht von mir verlangen! Niemals würde ich das schaffen. Aber ich wusste, dass sie kein Erbarmen kannte. Weder mit Johannes, noch mit mir. Sie wollte mir einen Schlag versetzen. Meinen Stolz brechen. Mir zeigen, an welcher Stelle der Rangordnung ich zu stehen hatte.

Ich beugte mich. Ich tat, was sie mir geboten hatte. Ich bat Herodes um das Haupt des Täufers. Der Henker brachte mir kurz darauf die Schale mit dem Kopf darauf.

Und da stehe ich mit dieser Schale. Stehe wie eingefroren. Dieses Bild wird bleiben in den Köpfen aller, die meinen Namen jemals hören werden. Meine Schönheit, mein Tanz – alles wird verschwinden hinter diesem einen Bild. Mein Ekel wird festgehalten und Generationen werden sich ekeln – vor mir. Mein Gott, ich habe das nicht gewollt. Ich hab das wirklich nicht gewollt. Aber ich habe es getan. Nie mehr werde ich es rückgängig machen können.

Johannes ist tot.

Aber auch die Achtung vor meiner Mutter ist tot.

Der Kopf des Täufers vor mir auf der Schale hat meine Mutter in meinem Innern enthauptet. Nie mehr würde ich sie als mein Haupt anerkennen. Nicht diese

Frau.

Ich bin nicht mehr die Tochter der Herodias.

Ich bin Salome.

Ich werde aufstehen und mein eigenes Haupt erheben.

Das Haupt des Täufers ist gefallen.

Aber meinen Kopf würde ich gebrauchen – für den Rest meines Lebens – um selber damit zu denken. Um selber zu unterscheiden, was recht und was falsch ist. Um selber zu entscheiden, wie ich mein Leben führen will. Ich – Salome.

Nie mehr soll ein Mensch wegen mir sterben. Ich will leben. Und ich will anderen helfen zu leben.

In jenem Moment, als Johannes Haupt vor mir auf der Schale lag und sein Blut über meine Hände rann, entschied ich mich für das Leben. Johannes ist für mich gestorben. Er hat mir geholfen zu leben. Für die Gerechtigkeit. Es gibt ein Gut und ein Falsch. Und es gibt Busse und Vergebung der Sünden. Johannes Botschaft hat mich erreicht – mitten in seinem Tod.

Die Frau am Brunnen

zu Johannes 4,1-42

Frau:

Ich gehe nicht raus.

Nicht jetzt.

Nicht so lange die da draussen sind.

Die lästern nur.

Das brauche ich nicht.

Vorne rum tun sie so, als ob ich dazu gehören würde. Hinten rum reden sie schlecht über mich.

Denen ist doch egal, wer ich bin.

Die brauchen nur Grund und Stoff zum Tratschen.

Was bringt es mir, wenn ich raus gehe und dieses Spiel mitspiele?

Nichts! Ausser dass es mich wieder aufregt.

Nein – das muss ich mir nicht antun.

Ich bleibe zu Hause.

Dafür bin ich alleine.

Aber was soll's.

Besser alleine als den Clown spielen für die da draussen.

Ich gehe Wasser holen, wenn die weg sind.

Überleben kann ich auch ohne die.

Ich brauch die nicht.

Langsam geht die Frau in der Mittagshitze zum Brunnen.

Müde und erschöpft.

All die Last, all die Mühsal.

Diese Einsamkeit.

Der Spott, die Angriffe, die Kritik.

Wozu das alles?

Weshalb überhaupt noch zum Brunnen gehen? Wasser holen zum Überleben – wozu?! Das macht doch alles keinen Sinn.

Die Frau schleppt sich durch den Staub.

Die Zunge klebt ihr am Gaumen.

Der Schweiss läuft ihr über die Stirn.

Diese Hitze.

Sie starrt auf den Boden.

Erst kurz vor dem Brunnen hebt sie den Blick.

Da sieht sie ihn.

Er ist jung.

Er lächelt sie an.

Ausgerechnet hier, wo sie niemandem begegnen wollte.

Was soll das?

Peinlich wird ihr bewusst, wie verschwitzt sie ist, ausser Atem, müde, ausgelaugt.

Was will dieser junge Mann hier?

Er bittet sie um Wasser.

Ja.

Alle wollen sie was.

Immer wollen sie alle was.

Dabei darf er das doch gar nicht! Er weiss doch genau, dass er mich nicht einfach so ansprechen darf.

Das ist gegen das Gesetz.

Ich bin eine Samaritanerin.

Er ein Jude.

Ich eine Frau.

Er ein Mann.

Das geht nicht!

Das darf er nicht.

Zwischen uns kann es keine Beziehung geben. Nicht den Hauch einer Beziehung.

Diese Bitte kann er mir gar nicht stellen! Er darf sie mir nicht stellen! Schon gar nicht hier, an dem Ort, wo ich hinkam, um keine Begegnung zu haben.

Was tut dieser Mann da?

Er schaut mich an.

Er sieht mich.

Sieht meine Bedürftigkeit.

Behauptet, er könne sie stillen.

Aber wie will er mir etwas geben? Das geht doch gar nicht.

Er hat ja nichts.

Was will er mir denn geben?

Jesus:

Ich will deine innersten Bedürfnisse stillen.

Deine tiefsten Bedürfnisse.

Frau:

Ja, davon habe ich immer geträumt.

Dass einer kommt, der mir alles gibt, was ich brauche.

Das würde ich mir wünschen.

Mein Gott, wie sehr würde ich mir das wünschen.

Dass dieser tägliche Kampf endlich aufhört.

Ich nie mehr Wasser schöpfen muss.

Mich nicht mehr immer und immer wieder neu aufraffen muss, nur damit es gerade zum Überleben reicht. Das will ich nicht mehr.

Ich will mehr.

Viel mehr.

Sprudeln will ich.

Jesus:

Geh hin, ruf deinen Mann und komm wieder her!

Frau:

Was soll nun das?

Weshalb?

Ich will doch leben.

Sprudeln.

Weshalb soll ich dann zurück in die Wüste?

Jesus:

Weil der Weg zur Quelle

die Wahrheit ist.

Frau:

Ich habe keinen Mann.

Jesus:

Ja, das stimmt.

Das ist der erste Schritt.

Zur Quelle.

Komm.

Ich helfe dir

die Wahrheit zu begehen.

Fünf Männer hast du gehabt.

Frau:

Er weiss alles.

Mein Gott, dieser Mann weiss alles über mich.

Er kennt mich durch und durch.

Was ist das für ein Mann?

Ein Prophet?

Aber so nah kann Gott doch nicht sein?! Nicht hier.

Sie sagen doch, dass Gott nicht hier sei.

Vielleicht anderswo.

Aber bestimmt nicht hier.

Jesus:

Doch.

Gott ist dort,

wo der Heilige Geist strömt.

Gott ist im Fluss der Wahrheit,

der an neue Ufer trägt.

Frau:

Ja, vielleicht irgendwann einmal.

Jesus:

Nein, nicht irgendwann einmal.

Jetzt!

Gott ist hier.

Bei dir.

Ich bin die Quelle.

Von mir zu dir

fliesst das lebendige Wasser.

Von dir fliesst es weiter.

Ströme lebendigen Wassers.

Frau:

Sie geht hin.

Holt die Leute vom Dorf.

Plötzlich ist da Gemeinschaft.

Gemeinschaft der Dürstenden.

Sie kommen;

und nehmen das Wasser des Lebens umsonst.

Hoffnung sprudelt.

Leben kommt in Fluss.

Beziehungen.

Nicht um einander das Wasser zu reichen,

sondern Beziehung mit derselben Wellenlänge.

Überströmende Freude.

(Maria und) Martha

zu Lukas 10,38-42 / Johannes 11,1-45

Martha:.

Ich habe gedacht, ich hätte sie überwunden – diese Sehnsucht nach Perfektion. Ich habe gedacht, ich hätte längst akzeptiert, dass alles, was wir tun, nur Stückwerk ist. Ich habe gedacht, ich hätte inzwischen gelernt, die Arbeit stehen zu lassen und die Gemeinschaft mit dir zu geniessen.

Aber ich habe es nicht. Sie ist noch immer da, diese Vorstellung, die perfekte Gastgeberin sein zu müssen.

Ich renne und mache und tue. Bin nicht zufrieden mit meiner Leistung. Sehe immer, was man noch besser und mehr machen könnte. Verurteile mich dafür, es nicht tadelloser hinzukriegen. Ärgere mich darüber, dass ich nicht unterstützt werde. Immer muss ich alles alleine machen. Wenn ich nicht schaue, dann läuft gar nichts. So ist es.

Die alte Martha ist nicht tot. Sie hat sich tief in mein Herz zurückgezogen. Dort lebt sie noch immer. Die bittere Wurzel meiner Selbstverurteilung, meiner Kritik und Unzufriedenheit.

Was soll ich denn tun, wenn der alte Mensch nicht sterben will?

Jesus:

Dir immer wieder sagen lassen, was nottut. Dir das Bild von Maria vor Augen malen lassen. Lernen Maria hoch zu schätzen, die so gar nichts von dem tut, was du für gut und wichtig hältst.

Mit all deinen Vorstellungen zu mir kommen – auch wenn sie noch so abwegig sind. Ich werde dir zeigen, dass ich der Herr über Leben und Tod bin. Ich werde dich miterleben lassen, wie ich den alten Menschen sterben und den neuen Menschen auferstehen lasse. Ich werde den Stein auch vor deinem Felsengrab weg rollen; werde auch dich von den Grabtüchern, mit denen du gebunden warst, erlösen lassen. Du wirst leben, auch wenn die alte Marta stirbt! Das verspreche ich dir.

All deine Vorstellungen werden sterben; all dein Tun wir untergehen. Aber es wird dir nicht der Gestank entgegen schlagen, den du erwartet hast, sondern du wirst die Herrlichkeit Gottes sehen. Das verspreche ich dir.

Martha

zu Johannes 11,1-45

Martha:

Wenn du hier gewesen wärest, dann wäre das alles nicht passiert!

Weshalb hast du das nicht verhindert? Weshalb hast du uns im Stich gelassen?

Jesus:

Ich bin hier.

Martha:

Ja, ich weiss, ich weiss.

Ich vertrau dir ja auch. Ich weiss, dass du der Sohn Gottes bist. Ich weiss um deine Macht und Herrlichkeit. Ich weiss es.

Aber wieso hast du uns nicht geholfen, als wir deine Hilfe gebraucht hätten?

Nun ist es aus und zu Ende. Für dieses Leben in dieser Welt habe ich keine Hoffnung mehr. Ich weiss, dass es ein Ewiges Leben geben wird. Ich weiss, dass dann alles gut werden wird. Aber nicht mehr hier und jetzt.

Ich bin so unendlich traurig und enttäuscht.

War es wirklich nötig, dass mein grösstes Glück zerbrochen werden musste?

Wozu lebe ich denn noch? Einfach damit gelebt worden ist? Ist das nicht ein bisschen wenig?

Jesus:

Ja, das ist zu wenig.

Du lebst, um Zeuge zu sein, von den Wundern die ich wirke. Du lebst, um zu erleben, dass Gott grösser ist, als du es dir vorstellen kannst. Du lebst, um zu staunen.

Und das kannst du heute, hier und jetzt. Mitten im grössten Schmerz.

Ich bin hier und weine mit dir. Ich teile dein Leiden.

Und nur: lass dir helfen, den Stein vor dem Grab wegzuheben.

Ich will die Leute, die da sind, auffordern, den Stein wegzurollen.

Martha:

Nein! Nein!

Das kannst du nicht tun! Im Grab stinkt es bereits! Da ist der Tod! Es ist vorbei. Reisse die Wunde nicht wieder auf. Ich halte den Gestank nicht aus. Lass es ruhen. Es gibt keine Hoffnung mehr. Da ist kein Leben mehr. Es ist alles tot.

Jesus:

Was habe ich dir gesagt? Du sollst Zeuge sein. Lass mich machen. Lass zu, dass ich wirke.

Nicht deine Vorstellungen davon, was möglich ist, zählen. Wovon du träumen und hoffen kannst – das ist so wenig.

Ich will dich mit hinein nehmen in meine Hoffnung. Nicht du sollst hoffen. Ich bin deine Hoffnung! Ich bin dein Leben.

Aber dazu muss der Stein vor diesem Grab weggerollt werden.

Martha:

Alles in mir zieht sich zusammen. Ich kann nicht. Ich halte das nicht aus. Ich will nicht noch einmal diese Leiche sehen. Nicht noch einmal meine Träume unter Tränen begraben. Nicht noch einmal zurück schauen. Es ist vorbei. Ich habe mich damit abgefunden. Ich werde mich damit abfinden. Es ist nun mal alles kaputt. Das lässt sich nicht mehr ändern.

Jesus:

Ich kann dir nur versichern, dass ich dich die Herrlichkeit Gottes sehen lassen will. Bitte, lass mich dir zeigen, dass Gott grösser ist! Bitte vergrab dich nicht in der Enttäuschung. Bitte maure dich nicht ein in deinen Vorstellungshorizont. Heb den Blick. Schau auf das Grab. Schau direkt hin auf das Tote.

Martha:

Ich schaute hin. Ich liess zu, dass meine Freunde und Bekannten, den Stein wegrollten.

Ich hielt den Atem an. Ich kämpfte mit meiner Furcht vor dem Gestank, der mir entgegenschlagen würde.

Aber da kam mir nicht der Tod entgegen. Da kam mir neues Leben entgegen.

Noch war es gebunden. Hände, Füsse und Gesicht waren gefesselt und umhüllt.

Jesus forderte die Menschen um mich herum auf, die Binden zu lösen.

Dann sprach er: Lasst ihn gehen! Nun ist er frei!

Mein Traum – lebt wieder!

Ich habe eine neue Chance zu leben! Noch einmal kann ich lieben. So wie ich früher geliebt habe. Noch einmal können wir unsere Beziehung neu aufbauen. Noch einmal unser Zusammensein feiern.

Derselbe Mann wurde mir noch einmal geschenkt.

Mein Bruder. In Christus.

Die Schwiegermutter des Petrus

zu Markus 1,29-3 /, Lukas 4,38-39 / Matthäus 8,14-15

Frau:

Ich liege im Bett.

Verkrieche mich.

Ich kann nicht mehr.

Ich will nicht mehr.

Wozu das alles?

Wozu noch aufstehen?

Wozu all die Mühsal?

Wir schaffen es ja doch nicht! Niemals!

Nicht ohne die Hilfe meines Schwiegersohns.

Alles geht bachab.

Mein Gott, bin ich wütend und frustriert.

Niemand ist da, der uns hilf! Niemand!

Er ist einfach weggelaufen.

Hat uns sitzen gelassen.

Was sind wir denn?

Ein Stück Dreck?!

Kann man mit uns machen, was man will?

Wieso tut er das?

Mein Gott, wieso lässt du das zu?

Jesus:

Weil ich dir begegnen will.

Ich komme heute in dein Haus.

Frau:

Unruhig wirft sie sich im Bett hin und her.

Das Fieber schüttelt sie.

Verzweiflung, Erschöpfung und Wut lassen sie glühen.

Hat sie geträumt?

War das eine Stimme?

Jemand berührt meine Hand.

Da ist jemand.

Jemand hebt den Deckel.

Die Gedanken beruhigen sich, kreisen nicht mehr unablässig und immer hitziger um mich selber.

Es brodelt nicht mehr in mir.

Ich lasse Dampf ab.

Die Wut verraucht.

Ich hebe meinen Blick.

Sehe ihn.

Lass mich aufrichten.

Mein Gott, dann macht es doch Sinn?

Dann macht es doch Sinn nicht aufzugeben?

Du brauchst mich?

Jesus:

Ja, ich brauche dich.

Ohne dich gibt es hier keine Gemeinschaft.

Keine heilende Begegnungen

ohne dich.

Maria von Magdala

zu Johannes 20,1-18

Maria:

Wenn ich eine Gabe habe, dann ist es die Gabe der Treue. Ich bin treu. Ich gehe mit dir durch alles hindurch. Ich lass dich nicht allein. Ich lasse dich nicht im Stich. Niemals.

Du hast es gewusst - dass ich mit dir mitgehen würde bis ans Ende.

Hier stehe ich nun unter dem Kreuz. Alles schreit in mir. Ich will dich nicht verlieren! Das kann nicht sein. Das alles hier kann nicht sein! Niemand hat einen Grund, dich zu töten. Was sie hier tun, ist ein ganz grosser Irrtum.

Und doch weiss ich, dass es genau das nicht ist. Du hast es vorausgesagt. Du hast es gewusst. Du hast diesen Weg gewählt.

Meine Aufgabe ist es nicht einen anderen Weg für dich zu wollen – sondern den Weg mit dir mitzugehen. Das ist meine Stärke.

Ich liebte es, dir nachzufolgen – damals. Die Berge hinauf, durch tiefe Schluchten.

Damals, als wir noch frei und unbeschwert unterwegs waren.

Jetzt gehen wir dem Ende entgegen. Ich kann nichts dagegen tun. Ich kann nur weiter tun, was ich schon immer getan habe: dir nach folgen. Ich bleibe hier. Bis du den letzten Atemzug getan hast. Ich gehe dir nach bis zum Grab. Ich bleibe an deiner Seite.

Du hast mich geliebt für meine Treue. Sie hat dich mitgetragen. Du wusstest, dass ich immer da war. Dass du dich voll und ganz auf mich verlassen konntest. Was für ein kostbares Gut in Tagen, wo man nicht weiss, wer Freund und wer Feind ist. Niemand war so sehr Freund wie ich. Ich bin froh, dass du das gewusst hast. Das ist mein grösstes Geschenk an dich. Mehr kann ich dir nicht geben. Aber ich weiss, wie unendlich kostbar dieses Geschenk für dich ist. Ich schenke dir meine Treue.

In meiner Gegenwart konntest du frei atmen. Nie musstest du befürchten, dass ich davon laufen würde; nie, dass ich dir eine Schlinge legen würde. Niemals. Ich hab dir gedient – mit allen meinen Kräften.

Und nun stehe ich hier – unter deinem Kreuz. Alles ist schwarz um mich. Ich verliere dich. Aber ich kann ohne dich nicht leben! Ich kann dich nicht verlieren. Ich kann dich nicht loslassen. Du darfst nicht gehen! Lass mich nicht im Stich! Bleib bei mir! Mein Gott – bleib doch bei mir!

Jesus:

Ich bin bei dir. In der Gabe, die ich dir geschenkt habe. Sie ist ein Teil von mir. Deine Treue ist meine Treue. Halt dich an ihr fest. Handle weiter aus dieser Kraft heraus. Es ist meine Kraft. Sie wird uns wieder zusammenbringen. Halt dich an ihr fest.

Maria:

Ja, das will ich tun. Ich klammere mich fest. Tue Schritt für Schritt, was mir die Treue gebietet.

Ich gehe zum Grab – am Morgen früh.

Und wirklich – was ich nicht zu hoffen wagte: die Treue führt mich zurück zu dir! Du bist da! Begegnest mir noch einmal.

Ich will dich festhalten.

Du hinderst mich daran. Schaust mich an. Ganz tief versenken sich unsere Augen ineinander. Ja, es ist dieselbe Treue in deinen Augen. So wie sie in meinen Augen leuchtet. Es ist dein Licht in mir. Du schaust mich an. Lächelst.

Gebietest mir zurück zu gehen.

Jesus:

Ich zähl auf dich. Auf deine Treue. Geh weiter den Weg, den ich dich mit meinen Augen leite. Halte dich an meine Kraft in dir. Es bin ich in dir, der weiter vor dir her gehen wird.

Den ganzen Weg - bis in Ewigkeit.

Ich bin die Treue.

Maria:

Und ich ging. Machte mich auf den Weg.

Und ich gehe. Bleibe auf dem Weg.

In Treue.

In Ewigkeit.

Maria von Magdala

zu Matthäus 27,60f

Ich sitze da – und warte, bis sie dich zu Grabe gelegt haben. Es ist vorbei. Du bist tot. Unsere Geschichte ist zu Ende. Ich nehme Abschied von dir. Leise gehe ich nach Hause.

Ich habe so viel erhofft. Ich hatte so grosse Träume – von dir und von mir – von uns. Ich wollte mit dir die Welt erobern. Ich dachte, wir zusammen, wir könnten den Himmel auf Erden erleben. Ich glaubte an dich.

Irgendwie ist alles anders gekommen. Und nun ist es aus. Nun bist du tot. Und ich mit dir. Meine Sehnsüchte sind begraben. Ich bin nicht mehr ich. Ich weiss nicht, wovon ich noch träumen soll. Der Traum ist zu Ende.

Ich gehe nach Hause. Leise. Traurig.

Es war anders. Es war alles so anders, als ich es mir vorgestellt hatte. Nichts mehr von dem Glück und der Freude unserer ersten gemeinsamen Tage. So viel Schmerz, so viel Traurigkeit. Ich wusste nicht, dass man so sehr leiden kann.

Wieso? Wieso das alles? Ich weiss es nicht. Ich weiss nur, dass du tot bist. Dass es keine Zukunft mehr gibt für uns.

Vielleicht werde ich noch einmal wieder kommen. Am ersten Tag der Woche. Wenn für alle anderen das Leben weiter geht. Ich werde dich salben. Ich werde mich verabschieden. Ich werde noch einmal all unsere Hoffnungen aufflackern lassen. Mich wärmen daran. Bevor sie für immer verlöschen. Mein Gott – wie sehr habe ich mich gesehnt danach, mit dir zu leben! Wieso stirbst du? Bevor alles richtig begonnen hat? Wieso lässt du mich allein?

Ich komme noch einmal zu deinem Grab.

Die Erde bebt. Die Welt bricht zusammen.

Der Engel des Herrn kommt vom Himmel herab und tritt herzu.

Er wälzt den Stein weg und setzt sich darauf.

Seine Gestalt ist wie der Blitz und sein Gewand weiss wie der Schnee.

Der Himmel hat sich geöffnet. So wie wir es uns zusammen vorgestellt hatten.

Jetzt – am Ende aller Träume – jetzt steigt der Engel vom Himmel herab!

Um mich zu trösten?

Nein.

Nein.

Um mich hoch zu heben aus aller Furcht. Die Auferstehung bezeugend.

Es ist nicht aus.

Es hat eben erst begonnen.

Du wirst sehen.

Du wirst ihn sehen.

Du wirst ihn lieben wie am ersten Tag.

Nie wird diese Liebe aufhören.

Maria von Magdala (am leeren Grab)

zu Lukas 24,1-11

Maria:

Ich stehe da und weiss nicht mehr weiter. Alles ist leer. Alles ist vorbei. Was soll ich noch tun?

Ich bin mit dir gegangen. Durch alles hindurch. Bis ans Ende. Habe zugeschaut, wie sie dich hingerichtet haben. Bin mit dir zusammen gestorben. Und muss dennoch weiter leben.

Da steh ich nun. Vor dem leeren Grab. Nicht einmal mehr salben kann ich dich. Nicht einmal deinen toten Körper haben sie mir gelassen. Nicht einmal diese letzte Ehre darf ich dir erweisen. Ich habe nichts mehr. Nichts, woran ich mich halten könnte. Nichts, was ich noch tun könnte. Ich stehe da. Voll Entsetzten. Vor der absoluten Leere.

Dieses Leben ist zu Ende. Mein Gott, weshalb muss ich denn noch weiter leben? Wozu? Wieso tust du mir das an? Was soll ich denn hier ohne dich?

Ich starre in das leere Grab.

So leer habe ich mich noch nie gefühlt. Lebe ich überhaupt noch? Nichts wächst in mir. Keine Worte, keine Bilder.

Bist du tot? Bist du wirklich tot, Jesus? Ich sehe dich nicht mehr. Ich höre deine Stimme nicht mehr. Ich spüre deine Liebe nicht mehr. Nur noch Kälte und Leere. Das Grab umschliesst mich. Ich bin tot. Ich kann ohne dich nicht leben! Komm doch! Ich flehe dich an, komm zurück! Lass mich nicht im Stich!

Engel:

Was suchst du den Lebenden bei den Toten? Er ist nicht hier.

Maria:

Ja, das weiss ich auch. Aber wo ist er dann? Wo? Ich stehe nun mal hier vor dem leeren Grab. Wo soll ich ihn denn sonst suchen?

Engel:

Erinnere dich an das, was er gesagt hat.

Der Menschensohn muss den Sündern ausgeliefert werden, gekreuzigt und am dritten Tage auferstehen.

Ausgeliefert und gekreuzigt. Es musste so sein. Alles geschieht so, wie es geschehen musste. Es muss so sein, wie es ist. Auch das Leid. Genau jetzt ist die Leere. Genau jetzt ist das Zwischendrin. Es gibt keinen Weg an diesem leeren Grab vorbei. Das Grab muss leer sein. Um der Auferstehung willen. Halte aus. Stehe durch. Du wirst es sehen. Du wirst es erleben. Du wirst es als erste wissen: Jesus lebt. Wenn alle noch zweifeln, wirst du es bereits wissen. Weil du hier gestanden bist. Weil du nicht gewichen bist. Nicht davongelaufen vor dem Schmerz. Weil du hineingeschaut hast in das leere Grab. Weil du es ausgehalten hast, die Einsamkeit, das Grauen und das Entsetzen.

Jesus:

Stirb mit mir. Heute. Stirb mit mir. Wenn es sein muss. Damit du mit mir leben kannst. Am dritten Tag werden wir auferstehen. Du und ich.

Die Kanaanäerin

zu Matthäus 15,21-28

Wir leben hier in der Fülle. Wir haben alles, was wir brauchen - und noch viel mehr. Aber was hilft uns das? Das alles macht meine Tochter nicht wieder gesund. Sie isst nicht mehr. Was nützt uns all das feine Essen – wenn sie nichts davon isst? Was nützt ihr all unser Geld und unser Reichtum? Wir können ihre keine Gesundheit kaufen. Wir verlieren sie und wir können nichts dagegen tun.

Dann kam dieser Mann in unsere Gegend. Viele sagten von ihm, er sei der Sohn Davids, der jüdische Messias, der Retter für das Volk Israel. Eine Fülle von Heil – aber nicht für uns. Ein Reichtum, der für uns nicht zugänglich war. Wir gehörten nicht zum Volk Israel – also hatten wir auch keinen Anspruch auf Rettung.

Aber er musste mir helfen! Er musste meine Tochter heilen!

Es ging doch nicht an, dass sie inmitten einem Berg von Nahrung verhungerte! Das durfte nicht sein! Ich musste alles dafür tun, um ihr ein Stück Heil zu ergattern. Sie brauchte Heilung! Er musste sie mir geben! Er musste meine Tochter heilen!

Zum ersten Mal in meinem Leben konnte ich eine Situation nicht aus eigener Kraft heraus lösen. Ich konnte meine Tochter nicht heilen. Es nützte alles nichts. Alle meine Versuche, ihr zu helfen, prallten an ihr ab. Ich erreicht ihr Herz nicht. Sie hörte mir nicht zu. Ich konnte nichts tun. Mir waren die Hände gebunden.

Und zum ersten Mal im Leben gab es etwas, das Hilfe versprach, ich aber nicht einfach so kaufen konnte. Die Ärzte, die wir schon alle bezahlt hatten, konnten meiner Tochter nicht helfen. Aber da war ein Retter – und ich konnte seine Hilfe nicht kaufen. Ich war ausgeschlossen von all dem Guten, das er möglicherweise zu geben hatte.

Zum ersten Mal begann ich etwas davon zu ahnen, wie das Leben für Menschen sein musste, die nicht einfach so aus der Fülle schöpfen können, so wie wir uns das gewohnt sind. Was wenn das Geld nie reicht? Auch nicht um einen einzigen Arzt zu konsultieren? Nicht einmal um ein Stück Brot auf den Tisch zu bekommen? Mir graute es, wenn ich mir das nur schon vorstellte.

Nein, ich würde kämpfen! Ich würde nicht aufgeben! Ich wollte alles versuchen, um doch noch Hilfe zu bekommen für meine Tochter.

Ich ging hin. Ich flehte diesen Mann an. Ich schrie und bettelte um Hilfe. Ich kannte mich selber kaum mehr. Alle kannten mich zu Hause als die wohlhabende Dame. Die Frau, die alles im Griff hatte. Ich stand immer eine Stufe über allen anderen. Und nun warf ich mich auf den Boden und weinte und flehte und schrie und bettelte.

Es schien nichts zu nützen. Ich verzweifelte beinahe, als ich seine Stimme hörte, die mich abwies. Er habe nur den Auftrag, denen zu helfen, die zum Volk Israel gehörten. Ja, das wusste ich ja! Ich wusste, dass da ein Brot war, das nicht auf meinem Tisch lag. Ich wusste, dass ich kein Recht hatte, von diesem Brot zu essen.

Aber ich musste davon haben! Das war die einzige Chance, die meinem Kind noch geblieben war.

Ich schrie weiter, bettelte – wie ein Hund.

Bitte gib mir einen Krümel! Nur ein ganz kleines Stück! Die Hunde dürfen doch die Krümel essen, die vom Tisch herunter fallen. Bitte, lass mir die Krümel!

Und in diesem Moment fühlte ich es. Etwas in mir zerbrach. Eine Schicht aus

Eis zerbarst in meinem Innern. Mein Stolz, mein Gefühl es im Griff zu haben, mein Gefühl das Recht und den Anspruch auf alles zu haben, bekam einen tiefen Riss. Es war wie ein Damm, der einstürzte; und aus meinem Herzen floss – Glaube. In Strömen. Vertrauen darauf, dass mir geholfen wird – auch wenn ich nichts dafür zu geben hatte. Aus meinem Herzen floss Liebe und Mitgefühl für alle, die nichts haben. Ich liess mich von ihm beschenken. Er schenkte mir die Heilung für meine Tochter. Er schenkte mir ein Herz, das sich nicht mehr gefangen war von der Vorstellung, mir gehöre alles und ich habe ein Recht darauf.

Ein Herz, mit dem ich meiner Tochter begegnen konnte. Meine Tochter, die sich so sehr danach gesehnt hat, auch einmal um Krümel kämpfen zu müssen. Ich hatte sie vollgestopft, mit allem, was ich nur konnte. Sie wusste, dass wir alles haben und dass wir es uns verdient haben. Und sie fühlte – lange, lange vor mir – dass wir eigentlich gar nichts haben. Dass wir uns das, was wirklich zählt, nur schenken lassen können. Dass wir auch keinen Anspruch darauf haben. Aber dass wir bitten dürfen; schreien und flehen um Krümel.

Sie hat es mir auf den ersten Blick angesehen, als ich nach Hause kam. Sie hat sofort gewusst, dass ich gelernt hatte um Krümel zu flehen. Sie sah mir in die Augen. Und sie lächelte mich an. Seit Jahren zum ersten Mal lächelte sie mich an.

Sie flüstere mir zu: Lass uns weiter um Krümel kämpfen. Wir haben nichts. Und wir haben auch nicht den Anspruch auf irgendetwas. Lass uns um Krümel flehen.

Von diesem Tag an, lernte ich von meinem scheinbaren Reichtum wegzugeben. Ich gab mein Recht hin, dass ich es besser haben sollte, als andere. Und meine Tochter und ich assen Krümel um Krümel von Freude, Krümel von Liebe, Krümel von Frieden, die vom Tisch des Herrn herunterfielen. Unser Heil waren die Krümel, die er uns gab. Erst die Krümel machten uns satt und füllten uns wirklich.

Die Witwe mit dem Almosen

zu Lukas 21,1-4

Ich kann nicht alles geben. Nicht wie diese Witwe. Niemals. Wenn ich nur schon daran denke... Das Haus, das Auto, das Geld – das brauchen wir doch! Wie sollen wir denn sonst leben?

Mir ist schleierhaft, wie diese Witwe all ihr Geld in den Opferkasten werfen konnte. Was isst sie denn jetzt heute Abend? Wer zahlt ihre Miete?

Ich kann mir nicht vorstellen, dass ich auf der Strasse leben müsste, ohne Geld, ohne Nichts. Ich würde ja erfrieren. Und krank werden. Ich bin viel zu wenig robust, als dass ich Tag und Nacht draussen verbringen könnte. Das geht nicht. Das geht einfach nicht.

Zwischen mir und dieser Witwe ist ein riesiger Graben. Da sind nicht nur Jahrtausende zwischen uns – das sind Welten zwischen uns.

Ich stehe da und schaue zu, wie sie dieses Geld in den Opferkasten wirft. Ich bin Zuschauer. Ich stehe auf der anderen Seite. Sie kann es. Ich kann es nicht. So sehr es mich schmerzt – ich kann es nicht.

Ich schaffe es nicht einmal, Gott darum zu bitten, es lernen zu dürfen. Alleine schon diese Bitte löst so viel Angst in mir aus, dass sie mir im Hals stecken bleibt. Nein, Jesus, ich kann dich nicht bitten, mich auf ihre Seite zu bringen. Wenn du es mich dann tatsächlich lehren würdest – mir alles wegnehmen würdest – ich würde es nicht aushalten.

Ich stehe da und schaue dieser Witwe zu – wie sie ihr Werk vollbringt zu allen Zeiten. Wie sie ihre zwei Münzen spendet. Immer und immer wieder. Über

Jahrtausende hinweg. Stets derselbe Augenblick.

Jedes Mal wenn ich zurückkomme, ist die Witwe immer noch da. Ein lebendiger Vorwurf an mich. Eine stille Mahnung. Es schreit in mir. Ich kann nicht! Ich kann es einfach nicht.

Ich sehe Jesu liebevollen Blick auf ihr ruhen.

Ich weine.

Ich will doch auch gesehen werden.

Aber ich bin nicht wie sie.

Ich stehe da und weine.

Ich opfere meine Tränen.

Wenigstens das.

Da spüre ich plötzlich deinen Blick – du siehst mich an.

Du siehst mich. Du siehst meine Tränen. Jede einzelne. Du fängst sie auf. Du zählst sie. In deiner Hand wird jede von ihnen zu einer Perle. Was für ein Schatz.

Ich kann nur staunen, was du aus mir machst. Wie reich ich werde unter deinem Blick. Wenn schon meine Tränen ein Vermögen wert sind... Was für eine reiche Frau bin ich dann?!

Du siehst jede meiner Gaben. Auch wenn sie in meinen Augen nichts zählen.

Du weißt, dass ich meine Karriere aufgegeben habe, um meinen Kindern und meinem Mann zu dienen. Du weißt, wie unendlich viel mich das gekostet hat und ich doch den Eindruck habe, dass es gar nichts wert sei. Du weißt, wie viel Stunden ich aufwende mit Arbeit in der Schule und in der Gemeinde. Du siehst, wie ich niederknie und putze und Wäsche zusammenlege, koche. Du siehst mich.

Du siehst meine kleinen Gaben.

Dein Blick ruht liebevoll auf mir.

Ich lerne zu geben, weil dein Ansehen mich reich macht.

Einmal da werde ich alt sein. Vielleicht eine Witwe. Vielleicht kann auch ich bis dann mein letztes Geld noch geben.

Alles kommt von dir.

Am Schluss werde ich dir mein ganzes Leben zurückgeben.

Lehre mich weiter zu geben. Gabe um Gabe. Ich will bereit sein für den Tag, an dem ich dir alles übergebe.

Wie ich mich sehne danach, ganz in deinem liebevollen Blick zu Hause zu sein...

Elisabeth

zu Lukas 1,5-24

Sie lächelte leise. Nun war alles überwunden. All die Schmach, all die Schande, die sie Jahre lang mit sich herumgetragen hatte. Gott hatte ihr Recht verschafft. Gott hatte sie erhört. Nun würde endlich auch in ihrem Leib ein Kind heranwachsen. Mein Gott – wie unfassbar! Nachdem sie alle Hoffnung schon aufgegeben hatte. Nachdem sie sich damit abgefunden hatte, die kinderlose Frau an Zacharias Seite zu sein. Nun plötzlich wurde das Blatt gewendet und ihre Geschichte begann nochmals neu!

All die Erinnerungen kamen wieder hoch. Wie sie sich als kleines Mädchen ihr Leben ausgemalt hatte. Wie glücklich und stolz sie war, als Zacharias sie zur Frau nahm. Wie sie davon träumte, die Mutter seiner Kinder zu werden; eine stolze Hausfrau mit einem Schatz von Kindern um sich. Alles hatte sie auf diese Karte Hoffnung gesetzt. Und verspielt. Jahr um Jahr ging vorbei und Elisabeth wurde nicht schwanger. In den ersten Jahren nach ihrer Hochzeit kämpfte sie noch um ihre Träume. So schnell würde sie nicht aufgeben. Sie würde schon noch schwanger werden. Ganz bestimmt. Sie tat alles, was man ihr sagte, was auch nur im Entferntesten die Möglichkeit für eine Schwangerschaft erhöhen sollte. Sie kämpfte und hoffte und rang. Sie hielt fest, stand durch, liess nicht nach. Nach jeder Enttäuschung rappelte sie sich wieder auf. Zwang sich selber, nicht aufzugeben. Betete und flehte. Wie viele Tränen hatte sie vergossen. So viele Jahre lang.

Bis ihr Körper langsam zu welken begann. Mit ihrem Körper verwelkten auch ihre Träume. Irgendwann wusste sie, dass die Zeit nun abgelaufen war. Sie würde kein Kind mehr gebären. Niemals. Dieser letzte Schlag war der härteste. Elisabeth wankte, taumelte, schien das Gleichgewicht zu verlieren, den Mut zum Leben. Blass und traurig war ihr Gesicht. Oft waren ihre Augen rot verweint. Stunden, Tage lang schlug die Verzweiflung und die Enttäuschung sie nieder. Sie blieb im Haus. Wollte niemanden sehen. Wer sollte ihr auch helfen? Wer konnte sie trösten? Sie wusste nur zu gut, wie über sie geredet und gelästert wurde. Sie war eine Enttäuschung, eine Schande. Die Frauen im Dorf hatten ja Recht, dass sie mit dem Finger auf sie zeigten und hinter ihrem Rücken über sie tuschelten.

Nein. Das hatten sie nicht. Immer und immer wieder sagte ihr das ihr Mann Zacharias. Er liess nicht zu, dass seiner Frau die Freude am Leben gestohlen wurde. Er kämpfte um sie. Wie schon all die Jahre lang, stand er voll und ganz hinter ihr. Er war liebevoll, sorgfältig und achtsam mit ihr. Fuhr mit seiner Hand über ihre Stirn. Deckte sie zu, wenn es ihr so schlecht ging, dass sie wieder einmal nicht aufstehen konnte. Wusste sie sanft aber bestimmt immer wieder herauszulocken. „Komm, meine Geliebte, sieh dir diesen Sonnenuntergang an. Noch nie war er so schön." Nahm sie behutsam an der Hand. Führte sie hinaus unter dem Baum vor dem Häuschen. Setzte sich hin und plauderte mit ihr im kühlenden Abendwind.

Zacharias war ein erstaunlicher Mann. Er wusste, wen er liebte und er wusste, was seine Aufgaben waren. Er liebte Gott und er liebte Elisabeth, seine Frau. Und nichts in der Welt würde ihn jemals davon abbringen, seinen Dienst zu tun. Er gehörte zu den treusten Tempeldienern und jedermann lachte und war gleichzeitig erstaunt darüber, wie Zacharias zu seiner Frau hielt. Hundert Mal war im zugetragen worden, er solle Elisabeth doch fallen lassen und sein Glück in einer neuen Ehe suchen. Ein Mann wie er sollte doch nicht kinderlos bleiben. Elisabeth war eine Enttäuschung. Zacharias sollte dies doch endlich anerkennen und unter diese Ehe einen Schlussstrich ziehen.

Niemand konnte Zacharias zu einem solchen Tun verführen. Zacharias liebte Elisabeth. Immer und immer wieder tröstete er sie. Immer und immer wieder versicherte er ihr, wie wundervoll sie sei und wie sehr er sie liebe. Wenn andere sich über sie lustig machten oder die Stimmen in ihr selber sie verurteilten, dann widersprach er hartnäckig allen üblen Worten. Da war Zacharias hart – das duldete er nicht. Niemand hatte das Recht, seine Frau herunter zu machen. Nicht einmal sie selber.

Wenn Elisabeth im Gram und in der Bitterkeit zu ertrinken drohte, dann war da immer noch Zacharias. Und sie wusste es. Sie wusste, dass allen Stimmen zum Trotz, jemand für sie da war und sie liebte. Wenn sie auch oft die Stimme Zacharias kaum mehr wahrnehmen konnte vor lauter Kummer, blieb dieses Wissen um seine Liebe doch tief in ihr. Es war diese Liebe, die sie am Leben erhielt. Auch in der Zeit als alles zu Ende schien.

Und dann kam ihr Zacharias eines Tages nach Hause. Stumm. Er konnte nicht mehr sprechen. Was war geschehen? Sollte sie nun auch noch um Zacharias Stimme beraubt werden? Hatte sie denn nicht schon genug gelitten?

Aber in den Augen Zacharias entdeckte sie etwas, was sie noch nie gesehen hatte. Sie kannte seine Augen. All die vielen Jahre hatten sie geleuchtet. Die Liebe zu Gott und zu ihr hatten seinen Augen einen tiefen Glanz verliehen. Aber nun war da etwas Neues in diesen Augen. Das war nicht nur der Glanz der Liebe, der ihr entgegenstrahlte. Es war Freude. Ja – es blitzte Freude in seinen Augen! Was war bloss geschehen?

Ein Engel war Zacharias erschienen. Im Tempel. Sie sollten ein Kind bekommen!

Nein, das konnte nicht sein! Das konnte schlicht und einfach gar nicht sein!

Elisabeth verstand, dass Zacharias genauso ungläubig auf die Botschaft des Engels reagiert haben musste. Sein Nicht-Fassen-Können hatte ihm die Sprache verschlagen. Gott liess ihn verstummen angesichts dieses viel zu grossen Wunders. Was hätte er auch sagen sollen?! Welche Worte hätten zum Ausdruck bringen können, was ihm da wiederfahren war? Keine! Sein Verstummen liess die Leute vor dem Tempel tausendmal besser verstehen, was geschehen sein musste, als alle Worte und Erklärungen es hätten tun können. Dort wo Schweigen die Antwort ist, dort muss ein ganz grosses Wunder den Menschen überwältigt haben.

Auch Elisabeth schwieg. Fünf Monate lang blieb sie in ihrer Wohnung, nachdem sie vernommen hatte, dass sie ein Kind bekommen würde. Fünf Monate lang konnte sie ihr Glück kaum fassen. Schwankte ständig zwischen Glauben und Zweifel. Aber als ihr Bauch sich langsam zu wölben begann, wuchs auch das Vertrauen in ihr. Gott hatte tatsächlich ein Wunder gewirkt! Wie schwer war dieses Wunder zu fassen. Es konnte doch gar nicht sein. Aber dann trat sie dieses Wunder heftig in ihrem Bauch. Und endlich konnte Elisabeth lachen – und glauben. Sie war eine schwangere Frau. Elisabeth die Unfruchtbare erwartete ein Kind.

Marias Berufung

zu Lukas 1,26ff

Es war nicht so, dass ich mir gewünscht hätte, ein Kind zu bekommen. Bestimmt nicht. Vielleicht haben die anderen Mädchen in meinem Alter von einem Kind geträumt. Ich nicht.

Ich träumte von den grossen, starken Frauen unseres Volkes. Meine Eltern hatten mir schon als kleines Kind die Geschichten unseres Volkes erzählt. Ich kannte sie alle. Ich liebte sie. Ich konnte nie genug bekommen, wenn meine Mutter mir Geschichten erzählte. Immer wollte ich noch eine hören und noch eine und noch eine. Da meine Mutter es liebte, Geschichten zu erzählen, hörte ich sie alle viele hundert Mal.

In der Nacht träumte ich dann jeweils von den Frauen, von denen mir meine Mutter erzählt hatte. Von Debora, die unter der Palme sass und Recht sprach. Was für eine faszinierende Frau. Alle kamen zu ihr, wenn sie einen Streit oder ein Problem hatten. Debora war weise. Sie war die Ruhe und die Gelassenheit in Person. Sie hatte Autorität. Nie wankte sie in ihrem Urteil. Fest und sicher sprach sie Recht. Gleichzeitig war sie voll Liebe und Anteilnahme. Man spürte, dass sie mit den Leuten mitfühlte, dass sie wusste, wovon sie sprachen. Sie spendete Trost, indem sie einer verzweifelten Mutter sanft die Hand auf ihren Kopf legte. Sie schaute dem Hoffnungslosen in die Augen. Und er wusste, dass er in seinem Schmerz erkannt worden war. Debora war ganz Frau und unglaublich stark! Dann zog sie sogar in den Krieg mit Barak, weil dieser sich nicht getraute ohne ihre Hilfe das Heer anzuführen. An der Spitze aller wehrfähigen Männer zog Debora in den Kampf! Was für ein Bild. Viele, viele

Nächte lang träumte ich davon. Ich führte mit Debora zusammen unsere Männer an. Ich stritt an ihrer Seite. Mit der Zeit wusste ich kaum mehr, ob ich oder sie kämpfte. Ich war sie. In meinen Träumen verwischten sich die Grenzen zwischen mir und ihr. Ich war Debora.

Ich war auch Jael. Auch eine Geschichte, die ich über alles liebte. Als kleines Mädchen fürchtete ich mich zwar noch vor Jael. Es gruselte mich jedes Mal, wenn meine Mutter erzählte, wie sie den Zeltpflock in Siseras Kopf geschlagen hatte. Ich sah all das Blut vor mir und mir wurde übel. Aber je grösser ich wurde, umso mehr wuchs mein Stolz auf diese Frau. Sie hatte etwas gewagt! Wie war diese Jael mutig und schlau! Sie spielte ihre Reize als Frau aus und lockte Sisera in ihr Zelt. Sie gab sich ganz als die umsorgende Dienerin. Und dann - genau im richtigen Augenblick - war sie bereit und zögerte keine Sekunde lang, Israels Feind zu vernichten. Wie freute ich mich über diesen Sieg! Wir Frauen waren stark. Wir konnten jeden Kampf gewinnen.

Ich wuchs heran mit den Geschichten der grossen Frauen unseres Volkes im Kopf. Ich träumte davon, eine von ihnen zu werden. Ich war bereit zu kämpfen – für meinen Gott und für mein Volk! Niemand durfte uns unterdrücken. Ich würde mein Leben dafür einsetzen, dass mein Volk triumphieren würde.

Unsere Zeit brauchte eine Heldin. Das wusste ich von meinem Vater. Er erzählte uns viel von der römischen Besatzung, unter der wir alle litten. Jedes Mal wenn er unterwegs gewesen war, kam er nach Hause und berichtete von neuen Schandtaten der Römer. Sie unterdrückten uns und beuteten uns aus. Sie machten sich lustig über uns. Sie sahen auf uns herunter. Wir waren in ihren Augen nur ein Stück Dreck. Dabei waren wir doch das Volk Gottes! So konnten sie doch nicht mit uns umgehen! Mein Herz bäumte sich auf, wenn Vater diese Geschichten erzählte. Immer deutlicher wusste ich, dass ich nichts anderes wollte, als mein Volk zu retten und zum Sieg zu führen. Das war mein Traum.

Dann kam der Engel Gabriel. Er betrat unser Haus. Er sprach mich an: Sei gegrüsst, du Begnadete! Der Herr ist mir dir! Ich war erschrocken und verwirrt. Wer war dieser junge Mann? Was wollte er? Warum nannte er mich eine Begnadete?

Aber im Grunde meines Herzens war ich vorbereitet. Wartete ich nicht schon lange darauf, dass Gott mich endlich berufen würde?! Dieser Mann kam, um mich an die Spitze eines Heers zu rufen. Ich würde wie Debora in den Kampf ziehen! Endlich war der Tag gekommen, auf den ich so lange gewartet hatte. Gott würde mich brauchen!

Der junge Mann sprach: Fürchte dich nicht, Maria.

Ich schaute ihm strahlend ins Angesicht. Nein, ich fürchtete mich nicht. Gott hatte mich vorbereitet auf diesen Tag. All die Geschichten, die vielen, vielen Träume – ich war bereit. Ich wollte kämpfen.

Du hast Gnade bei Gott gefunden.

Ja! Ich wusste es! Ich hatte es schon lange gewusst! Gott würde mich auserwählen. Er brauchte eine starke Frau. Ich würde alles für ihn tun! Ich würde ihn nicht enttäuschen! Ich würde ihm dienen, wie Debora es getan hatte. Wie Jael würde ich nicht zögern, die Feinde Israels auszulöschen. Ja!

Siehe, du wirst schwanger werden und einen Sohn gebären...

Ich erstarrte. Wovon sprach dieser junge Mann? Ich sollte schwanger werden und einen Sohn gebären? Ich sollte eine ganz normale Hausfrau werden mit Kindern? Ich wollte keine Kinder! Nein, dazu war ich doch nicht hier auf dieser Welt! Die Welt brauchte keine zusätzlichen Kinder! Unser Volk brauchte Frauen, die sich wagten zu kämpfen. Nein, nein, das konnte nicht wahr sein. Dieser junge Mann musste sich irren. Gott würde mich niemals dazu berufen, Kinder zu gebären. Nicht mich. Für mich hatte er doch Grösseres vor?! Tränen traten in meine Augen. Die Enttäuschung übermannte mich. In meinem Kopf hämmerte es unablässig: du wirst schwanger werden, du wirst schwanger werden... Mit einem schwangeren Bauch konnte ich doch nicht kämpfen! Ich hatte diese Frauen gesehen. Nein, von denen würde keine in der ersten Reihe stehen, wenn es darum ging, die Schlacht zu schlagen. Ich wollte nicht schwanger werden! Um keinen Preis!

... Sohn des Höchsten... Thron seines Vaters David... König über das Haus Jakob... sein Reich wird kein Ende haben.

Ich bekam von all dem, was der Engel mir sagte, kaum mehr etwas mit. Nur einzelne Worte blieben mir. Ich ahnte, dass er von etwas ganz Grossem sprach. Aber ich war nicht mehr fähig, es aufzunehmen. Viel zu enttäuscht war ich über meine zerplatzten Träume.

Sobald der junge Mann zu reden aufhörte, platzte ich heraus mit meiner Verzweiflung. Ich kann doch nicht schwanger werden! Wie soll das gehen? Ich schlaf doch mit keinem Mann! Natürlich war ich einem Mann versprochen worden – das waren wir alle; das war üblich bei uns. Aber ob ich diesen Joseph auch heiraten würde, das stand auf einem ganz anderen Blatt geschrieben. Bis heute hatte ich immer noch gehofft, dass Gott mich heraus rufen würde, heraus auf das Feld! Dass Gott mich brauchen würde als die neue starke Frau, die ihrem Volk voran ging. Ich hatte nicht wirklich damit gerechnet, dass ich Joseph tatsächlich würde heiraten müssen. Ich war doch ein viel zu verträumtes, wildes Mädchen. Selbst Joseph hätte sich vielleicht noch eines Besseren besonnen und sich ein sanfteres Mädchen zur Frau genommen. Ich konnte gar nicht schwanger werden! Absolut unmöglich! Da gab es keinen Mann!

Der Engel antwortete mir: Der Heilige Geist wird über dich kommen und die Kraft des Höchsten wird dich überschatten.

Ich erzitterte. Gott selber wollte dieses Kind in mich legen?! Der aller Höchste wollte mich schwanger werden lassen! Der Gott, von dem ich gedacht hatte, dass er mich brauchen würde, um meinem Volk voran in den Krieg zu ziehen? Kannte ich denn meinen Gott nicht?! Was war das für ein Gott, der mich dazu zwingen wollte, ein Kind zu gebären? Mein Gott – ich habe mir das alles so ganz anders vorgestellt! Was tust du hier?! Was sprichst du da?! Wieso sagst du das?! Das kann doch nicht wahr sein! Weshalb hast du denn all diese Träume in mich gelegt? Du hättest mir diese Enttäuschung ersparen können. Wer ist denn der Herr über die Träume? Es wäre dir doch ein Leichtes gewesen, mich davon träumen zu lassen, Kinder zu bekommen und eine eigene Familie zu gründen. Dann wäre ich bereit gewesen für dies hier. Jetzt bin ich es nicht. Jetzt schreit alles in mir. Jetzt wehrt sich alles in mir. Ich will nicht! Ich will nicht Mutter werden! Ich will nicht mein Leben vergeuden mit Kinderkram. Ich will nicht.

Maria, das wird Gottes Sohn sein. Gottes Sohn!

Und du wirst Maria sein, die Mutter von Gottes Sohn.

Ich will keine Mutter sein. Ich will selber leben! Ich will gross sein, stark sein; ich will mein Volk zum Sieg führen!

Du wirst dein Volk zum Sieg führen, Maria. Indem du dieses Kind an der Hand nimmst und es führst. Ich brauche dich, weil du träumen kannst. Ich habe dich mit grossen Träumen begabt, weil dieses Kind eine Mutter braucht, die grosse Träume träumen kann. Du wirst ihn lehren, dass bei Gott kein Ding unmöglich ist. Maria, ich brauche dich. Der Sieg findet nicht dort draussen auf dem Feld statt! Der Kampf findet hier statt. In deinem Herzen. Jetzt ist die grosse Stunde, wo du wie Jael dem Feind Israels einen Zeltpflock in die Schläfe rammen kannst. Du kannst ihn durchbohren lassen – deinen Stolz. Es geht nicht um dich. Es ging nicht um Debora. Es ging nie um Jael. Es geht um mich. Du hast das immer gewusst. Deine Träume waren auch Ausdruck davon, dass du ahntest, dass es um mehr geht – um viel mehr. Ich komme und begegne dir, wie du es nicht erwartet hast. Aber du hast mich erwartet. Darum bin ich hier. Darum berufe ich dich. In eine Aufgabe, die viel grösser ist, als du ahnst. Träume weiter Maria. Träume gross. Dieses Kind braucht dich. Maria, die Schlacht sieht anders aus, als du es dir vorgestellt hast. Der Feind ist der Egoismus. Der Feind ist die Hartherzigkeit und die Gleichgültigkeit. Kämpfen heisst lieben. Allen Anstrengungen und allen Widerständen zum Trotz niemals aufhören zu lieben. Kämpfen heisst der Stumpfheit und Gleichgültigkeit entgegen zu träumen und zu hoffen. Du hast nie aufgegeben zu träumen und zu hoffen. Ich brauche dich, um den Siegeszug der Liebe zu beginnen. Ich brauche dich, um der Liebe Leben zu geben. Ich brauche dich, um meinen Sohn zu lieben. Der Kampf wird hart sein: härter als alle Schlachten, die Israel je geschlagen hat. Durch deine Seele werden Schwerter dringen. Aber du bist stark, weil du träumen kannst. Ich habe dir diese Gabe gegeben, damit du den Feldzug der Liebe anführen kannst. Lass meine Liebe in dir wachsen. Bringe sie zur Welt. Lass nie von ihr ab. Lass dich durch keine Verurteilung, durch keinen Hass, durch keine Ablehnung, durch keinen Spott und Hohn, durch keine Grausamkeit davon abhalten zu lieben. Die Liebe wird siegen. Nichts ist mir unmöglich. Du wirst es sehen.

Ich bin des Herrn Magd. Mir geschehe, wie du gesagt hast.

Ich werde kämpfen. Ich werde lieben – dieses Kind. Ich werde davon träume, dass die Liebe siegen wird.

Ja, Maria – die Liebe wird siegen. Die Liebe wird bleiben – in Ewigkeit. Die Liebe wird kein Ende haben. Und heute beginnt es. Mit deiner Bereitschaft, mir zu dienen.

Maria (Flucht nach Ägypten)

zu Matthäus 2,13ff

Es ist Nacht. Ich habe Angst. Grosse Angst. Um mein Kind. Ich ahne, dass dieses Kind etwas Besonderes ist. Ich spüre, dass es in Gefahr ist. Aber was soll ich tun? Ich weiss nicht einmal, wovor ich es beschützen soll. Da ist nur diese undefinierbare Angst in mir. Soll ich Josef wecken? Aber was soll ich ihm sagen? Dass ich Angst habe und dass er etwas tun soll gegen diese Angst? Damit würde ich ihn bloss verwirren und überfordern. Woher soll er wissen, was er für mich tun soll, wenn ich es ihm nicht sagen kann? Aber was dann? Die Angst geht nicht weg. Sie umzingelt mich. Ich fühle mich in meiner Angst eingesperrt wie in einem Käfig – und sehe keinen Ausweg. Ich will fort! Nur weg von hier. Aber wohin? Und wie? Unruhig wälze ich mich im Schlaf hin und her. Die Angst in mir wächst. Ich fühle mich von allen Seiten bedroht. Das Dunkel scheint in mich hineinzukriechen. Mich schaudert. Fest drücke ich mein Kind in den Arm. Es darf ihm nichts geschehen! Ich werde kämpfen für mein Kind! Niemand darf ihm etwas antun!

Plötzlich höre ich Joseph, wie er sich neben mir auf seinem Lager hin und her bewegt. Er scheint zu träumen. Die Unruhe scheint auch ihn erfasst zu haben. Joseph öffnet seine Augen. Er schaut mich mit einem verwirrten, entsetzten Blick an. Erst langsam beginnt er mich zu erkennen.

„Maria“, flüstert er.

„Ja, was ist?“

„Ich habe geträumt. Einen schrecklichen Traum. Ich hörte Geschrei und sah Blut – überall um uns herum. Etwas in mir sagt, dass wir fliehen müssen.“

Nahm mein Mann diese Bedrohung tatsächlich auch wahr? Mein bodenständiger, praktisch denkender Mann redet von Flucht? Das ist doch gar nicht möglich! Mein Mann würde niemals fliehen. Er ist hier geboren und ist nie aus diesem Land herausgekommen. Er ist hier fest verwurzelt.

Aber der gehetzte Ausdruck in seinem Gesicht bleibt. Etwas stimmt nicht. Ich habe meinen Mann noch nie so in Angst und Schrecken versetzt gesehen. Sonst ist er immer die Ruhe in Person. Nichts scheint ihn jemals aus dem Gleichgewicht zu bringen. Seine Gelassenheit hat mich schon oftmals eingehüllt wie ein schützender Mantel.

Nun war dieser Mantel fortgerissen. Nackte Angst. Wir hatten beide Angst. Grosse Angst. Wer sollte mich nun noch beschützen?

Da sagt mir mein Mann, dass er den Eindruck habe, ein Engel Gottes habe im Traum zu ihm gesprochen. Wir sollten nach Ägypten fliehen.

Er steht bereits auf, während er mir das erzählt und beginnt unsere wenigen Habseligkeiten zusammenzupacken.

Das geht mir alles viel zu schnell. Ich verstehe nicht mehr, was da vor sich geht. Panik ergreift mein Herz. Nun habe ich mehr Angst vor diesem überstürzten Aufbruch als vorher vor dieser diffusen Bedrohung, die ich nicht recht fassen konnte. Was sollen wir in Ägypten? Wie sollen wir dort leben? Wenn wir überhaupt lebend dorthin kommen. Diese Reise ist lang und beschwerlich. Selbst für einen ausgewachsenen Mann eine Herausforderung. Wie soll ich das schaffen? Mit einem neugeborenen Kind? Wir werden verdursten in der Wüste! Wir werden von wilden Tieren angefallen werden in der Nacht! Und von Räubern am Tag. Mein Gott, das kann doch nicht deine Antwort sein auf meine Angst! Willst du mich in noch grössere Angst stürzen?!

Wenn ich gewusst hätte, was Herodes in wenigen Tagen hier in diesem Dorf, in dieser Gegend für ein Blutbad anrichten würde – niemals hätte ich so mit Gott gehadert in dieser Nacht. Aber ich wusste es nicht. Ich sah nur diese dunkle Nacht vor mir, diesen unendlich weite Weg bis nach Ägypten. Ich wusste, dass ich das nicht schaffen würde; und dass es mein Kind nicht schaffen würde. Wir würden zu Grunde gehen...

Aber Joseph blieb fest. Nun erkannte ich, was meinem Mann immer wieder diese Ausstrahlung von Ruhe und Kraft verlieh: es war sein Gehorsam. Er hatte den Eindruck, Gott habe ihn nach Ägypten geschickt – also ging er nach Ägypten. Nicht, dass er plötzlich keine Angst mehr gehabt hätte. Ich sah es in seinen Augen, dass er sich fürchtete. Aber er liess sich nicht abhalten. Er wusste, was er zu tun hatte – und er tat es.

Sein Gehorsam rettete uns. Ich war zu gar nichts mehr fähig. Ich sass da und heulte und zitterte. Ich wollte nicht gehen. Ich wollte nicht bleiben. Ich wusste nicht mehr vor noch zurück. Ich war wie erstarrt, wie gelähmt. Joseph fasste mich am Arm und zog mich hoch. Er hob mich auf unseren Esel, den er bereits mit Körben und Taschen beladen hatte. Er selber trug das Kind. Ich klammerte mich an dem Esel fest und liess mich fortführen. In diese Nacht hinaus. In gleichmässigem Rhythmus bewegte sich der Esel unter mir. Die kühle Nachtluft umhüllte mich. Langsam trocknete sie meine Tränen. Langsam senkte sich die Ruhe dieser Nacht über mich. Ich liess mich hin und her wiegen. Unser Esel trug mich. Ich wurde getragen und geführt. Joseph ging neben mir her und hielt den Esel am Zaum fest. Im Schimmer des Mondscheins sah ich, wie er sich auf den Weg konzentrierte und uns um Felsbrocken herumführte, an dornigen Büschen vorbei. Als der Weg steiler wurde und wir den ersten Berg erklimmen mussten, ging er voraus. Neben mir sah ich den Abgrund. Ich heftete meinen Blick fest auf meinen Mann und versuchte nicht in die Tiefe zu starren. Ich begann zu ahnen, dass Josef nicht selber diesen Weg gefunden hatte. Dass auch er geführt wurde. Und wer auch immer ihn führte – er kannte diesen Weg. Und Josef ging diesen Weg. Schritt für Schritt.

Auf einer Anhöhe rasteten wir. Joseph half mir vom Esel. Er legte mir unseren Sohn an die Brust. Ich gab ihm zu trinken. Erst da merkte ich, wie wichtig auch ich war, wie sehr mein Sohn mich brauchte; dass er nur Dank meiner Fürsorge überleben würde. Joseph würde ihn alleine nicht retten können. Wir alle waren abhängig von Gott und voneinander. Jeder von uns hatte seine Aufgabe. Nur gemeinsam würden wir überleben.

Ich gab mich hinein in meine Aufgabe. Und ich liess mir helfen. Joseph hob mich nach der kurzen Rast wieder auf den Rücken des Esels. Ich fühlte mich geborgen und sicher, als er seinen Arm um mich legte. Hier mitten in der dunklen Nacht fühlte ich mich auf einmal geborgen und sicher! Wie war das möglich?! Ich, die mich sonst vor allem fürchtete?

Ich fühlte mich sicher, weil ich darauf vertraute, dass es genügt, wenn ich meine Aufgabe erfülle – und mir helfen lasse. Ich muss diesem Kind Nahrung, Liebe, Wärme und Geborgenheit geben. Das ist meine Aufgabe. Allein darauf muss ich mich konzentrieren. Und mich führen lassen. Schritt für Schritt. Ich weiss den Weg nicht. Aber das macht nichts. Mein Mann ist da. Gott ist mit uns. Er kennt den Weg. Er wird uns ans Ziel bringen.

Das war der Beginn meiner langen Reise ins Land des Vertrauens. Dorthin wo wir sicher sind. Für immer.

Maria, die Mutter von Johannes Markus

zu Markus 14,51 / Apostelgeschichte 12,12

Ich hatte ihn verloren. Mein Mann war tot. Ich hatte ihn geliebt. Sehr. Erst jetzt wurde mir schmerzlich bewusst, wie wenig ich ihm das gezeigt und gesagt hatte. Sicher – ich hatte treu meine Pflichten getan – aber es hätte so viel mehr sein können zwischen uns. So oft war mein Geist beschäftigt mit Nichtigem – anstatt dass ich mich auf meine Liebe konzentriert hätte und alles dafür getan hätte, sie zu leben und auszudrücken. Nun war es zu spät. Mein Mann war tot. Nie mehr würde ich eine Chance haben, ihn mit meiner Liebe zu beschenken und zu umwerben. Ich war so enttäuscht über mich und mein Leben.

Aber da war noch mein Sohn. Ich wollte nicht noch einmal denselben Fehler machen. Mein Sohn sollte wissen, wie sehr ich ihn liebte.

Aber mein Sohn wollte diese Liebe nicht. Er hatte sich nach dem Tod seines Vaters ganz in sich zurückgezogen. Ich wusste kaum, wie ich ihn noch erreichen konnte. Er sass da und schien mich gar nicht wahrzunehmen. Vielleicht fühlte er etwas von all dem Versäumten, das in der Luft lag. Das Atmen fiel uns schwer. Wir erstickten beinahe an diesem „zu spät". Ich wusste nicht, wie ich zu ihm durchdringen sollte, um ihm zu sagen, dass unser Leben unsere Beziehung nochmals ganz neu beginnen könnte. Diese Mauer der Verschlossenheit um meinen Sohn liess unser Haus wie zu einem Gefängnis werden. Kein Ort zum Leben.

Dann lernte er diesen jungen Mann kennen. Ich hatte von ihm gehört. Es hatte Unruhen in der Stadt gegeben. In diesem Zusammenhang wurde der Name dieses jungen Mannes genannt. Jesus. Er musste ein Aufwiegler sein.

Ausgerechnet einem solchen Mann schloss sich mein Sohn an. Ich hatte panische Angst. Wenn mein Sohn in verbrecherische Kreise hineinkam, dann konnte er für immer abstürzen. Ich hatte ihn ja schon vorher nicht mehr erreicht. Nun würde ich ihn noch ganz verlieren. Mein Sohn kam nur noch selten nach Hause. Ich sah ihn kaum noch. Ich konnte nichts anderes mehr tun, als warten und bangen – und warten und bangen. Ich drehte beinahe durch. Mir waren die Hände gebunden. All unser Geld nützte mir nichts. Ich konnte meinen Sohn nicht zurück kaufen. Er hatte sich gegen mich und gegen unser Haus entschieden. Der Luxus schien ihm nichts mehr zu bedeuten. Und ich verstand ihn. Auch ich hatte ja gemerkt, dass all die Dinge keinen bleibenden Wert hatten. Ich hätte noch so gerne alles hergegeben – wenn ich dafür die Chance gehabt hätte, meine Familie zurück zu bekommen. Ich hatte solche Angst um ihn. Mein Junge konnte doch nicht überleben da draussen. Er war es gewohnt alles zu haben und zu bekommen. Die Leute um diesen Jesus herum waren bettelarm. Ein solches Leben würde mein Sohn nicht schaffen! Er hatte nicht gelernt zu überleben – mit Nichts.

Komm zurück! Mein Junge – bitte komme zurück!

Aber er kam nicht.

Bis auf jene Nacht.

Plötzlich stand er vor unserer Haustür. Halb nackt. Er zitterte am ganzen Körper. Es musste etwas Furchtbares passiert sein. Ich zog ihn in das Haus hinein. Hüllte ihn in warme Decken. Dieses Mal liess er alles mit sich geschehen. Ich hielt ihn in den Armen. Wiegte ihn sanft hin und her. Mit einem Mal war die Zeit wie zurückgedreht. Noch einmal hielt ich mein Baby in den Armen. Noch einmal summte ich ein zärtliches Lied, um mein Kind zu beruhigen. Noch einmal wurde mir mein Kind geboren. Tränen liefen über meine Wangen. Wie damals, als ich meinen Sohn zum aller ersten Mal in den Armen halten durfte.

Langsam beruhigte sich Markus.

Dann begann er stockend zu erzählen.

Sie hatten diesen Jesus festgenommen. Er war mit ihm und den anderen Jüngern zusammen im Garten Gethsemane gewesen. Plötzlich kamen die Soldaten. Mitten in der Nacht.

„Jemand musste ihn verraten haben. Wir hatten solche Angst! Alle sind wir geflohen! Wir haben ihn alle im Stich gelassen!" Wieder wurde Markus geschüttelt von Weinkrämpfen. Ich strich mit meiner Hand sachte über sein Haar. Immer wieder. Bis er ruhiger wurde.

Er hatte es also auch erlebt. Er wusste nun, wie es ist, wenn man jemanden so sehr liebt – und darin versagt, ihm diese Liebe zu zeigen. Er hatte seinen geliebten Jesus im Stich gelassen. Wie gut kannte ich diesen Schmerz!

Plötzlich fühlten wir uns beide ganz nahe. So nahe wie noch nie zuvor. Wir hatten beide versagt. Wir waren beide schuldig geworden dem Menschen gegenüber, den wir am meisten liebten. Auch meinem Sohn ging mit einem Male auf, was ich gefühlt haben musste nach dem Tod seines Vaters. Er schaute mich an. Nicht mehr dieser anklagende Blick, den ich so manche Wochen lang hatte ertragen müssen. Ein Augenblick des Verstehens.

Ich wollte nicht, dass mein Sohn seinen Freund ebenfalls für immer verlieren würde. Für diese Beziehung musste es doch noch eine Chance geben. Mein Mann war tot. Aber dieser Jesus lebte noch! Ich wollte alles dafür tun, dass wenigstens mein Junge nochmals eine zweite Chance bekam. Wir würden morgen zum Gerichtsplatz gehen. Vielleicht liess sich etwas in Erkundung bringen. Vielleicht konnte ich etwas tun für seine Freilassung. Ich würde kämpfen! Ich würde alles dafür einsetzten, dass mein Kind nicht auch noch seinen Freund verlor.

Wir gingen hin. Schon früh am Morgen. Und waren entsetzt. Ein riesen Menschenauflauf. Die Leute machten mir Angst. Viele waren aufgepeitscht von Hass und Wut. Streitlust lag in der Luft. Es knisterte förmlich um mich herum. Diese Männer hier waren zu allem fähig. Ich wusste es. Wie oft schon hatte ich sie Steine schmeissen sehen. Bis sie nicht mehr konnten. Bis alles voll war von Blut. Sie liebten es zu töten. Und auch jetzt schrien sie: Tötet ihn! Tötet ihn!

Dann sahen wir Jesus. Sie hatten ihm eine Dornenkrone auf das Haupt gedrückt. Das Blut rann ihm über das Gesicht. Am ganzen Körper hatte er Wunden. Sie musste ihn ausgepeitscht haben. Nun lud man ihm ein schweres Holzkreuz auf die Schulter, das ihn beinahe zusammen brechen liess. Ich erstarrte vor Entsetzten. Das konnte doch nicht wahr sein! Sie konnten diesen Mann doch nicht einfach so abschlachten. Ich merkte gar nicht, dass Johannes Markus nicht mehr an meiner Seite war. Er war verschwunden. Ich konnte ihn nirgends mehr entdecken. Voll Grauen ging ich nach Hause.

Da sass er. Mein Junge sass in seinem Zimmer – und schrieb. Er schrieb wie wild. Er schrieb und schrieb und schrieb. Ich liess ihn machen. Hin und wieder stellte ich ihm eine Tasse Tee auf seinen Schreibtisch. Wenn ich wieder kam, war sie leer. Auch etwas zu essen stellte ich ihm hin, ohne ihn zu stören. Ganz leise, auf Zehenspitzen – um ja keinen Lärm zu machen – umsorgte ich mein Kind. Und mein Sohn liess sich umsorgen! Wie sehr mein Herz sich darüber freute! Ich durfte mein Kind wieder verwöhnen! Wie sehr hatte ich mich danach gesehnt!

Nachricht kam. Jesus war tot.

Komischerweise schien das meinen Sohn kaum zu erschüttern. Er schrieb nur immer schneller vor sich hin. Nicht einmal schlafen wollte er. Drei Tage ohne Unterbruch schrieb er. Ich wusste kaum, woher er die Kraft dazu nahm. Er schien getragen und getrieben von einer überirdischen Kraft. Dieser Geist füllte unser ganzes Haus. Die Liebe kehrte in unser Haus zurück. Ich fühlte es. Mit jedem Wort, das mein Sohn zu Papier brachte, schien die Liebe in unserem Haus weiter zu wachsen. Ich wusste kaum, was da geschah. Aber ich nahm es wahr. Ich nahm wahr, dass sich etwas zwischen uns auszubreiten begann – etwas wonach ich mich mein Leben lang gesehnt hatte. Ich sah mein Kind an – und wusste dass nun alles gut war. Ich durfte lieben. Ich durfte noch einmal lieben. Und dieses Mal war die Liebe hier – sie war um mich, sie war überall in unserem Haus, sie verband uns. Nichts mehr würde dazwischen kommen können. Keine Nichtigkeiten mehr würden mir den Blick und das Bewusstsein für diese Liebe nehmen können. Irgendwie wussten wir beide, dass nur noch die Liebe zählte und dass wir in dieser Liebe leben wollten.

Nach drei Tagen und Nächten sank mein Sohn erschöpft zusammen. Er lag beinahe wie tot auf seinem Bett. Ich deckte ihn zu.

Dann ging ich zu seinem Schreibtisch – und begann zu lesen. Markus hatte alles über diesen Jesus aufgeschrieben! Hier vor meinen Augen wurde dieser Mann für mich lebendig. Ich las von seiner Geburt, von seiner Kindheit, von all den Dingen, die er in den letzten Jahren getan und erlebt hatte. Ich las und las. Dieser Jesus lebte! Er wurde für mich lebendig durch diese Worte. Ich las, wie dieser Mann für die Liebe gelebt hatte. Wie er sein ganzes Leben einzig und allein daraufhin konzentriert hatte zu lieben und zu heilen. Mein Gott, dieser Mann hatte das Leben geführt, von dem ich seit dem Tod meines Mannes träumte. Dieser Mann musste nicht auf sein Leben zurück blicken und sich sagen, dass er das Wesentliche verpasst hatte. Dieser Mann hatte so sehr geliebt, dass ihm seine Liebe das Leben gekostet hatte. Er war gestorben, weil er lieber sterben wollte, als aufhören zu lieben. Und diese Liebe lebte! Ich spürte sie überall um mich herum. Der Tod hatte diese Liebe nicht auslöschen können. Er hatte sie erst siegen lassen. Die Liebe zwischen meinem Sohn und mir – sie war ein Geschenk dieses Mannes! Ohne ihn, wäre mein Sohn niemals zu mir zurückgekehrt! Ohne ihn, wäre niemals eine neue Beziehung zwischen uns möglich geworden. Die Liebe lebte!

Ich war nicht überrascht, als ich davon hörte, dass Jesus auferstanden sei. Ich hatte es gewusst! Ich hatte es schon gewusst, als mein Sohn zu schreiben begonnen hatte. Diese Worte, die er fliegend zu Papier gebracht hatte – sie waren direkt vom Himmel gekommen. Als ich sie las, wurde Jesus für mich lebendig. Ich wusste bereits, dass der Himmel sich geöffnet hatte und Gott selber auf die Erde herabgekommen war. Ich wusste, dass die Tür zum Himmel nun offen stand. Ich wusste, dass der Tod keine Macht mehr hatte. Ich wusste, dass die Liebe gesiegt hatte.

Ich schloss die Augen. Ich sah noch einmal diesen blutenden Mann vor mir mit der Dornenkrone. Noch einmal kamen mir die Tränen. Dann öffnete ich meine Augenlieder – und durch den Schleier meiner Tränen hindurch sah ich Jesus – den Auferstandenen. Ich wischte meine Tränen aus dem Gesicht.

Mein Sohn erwachte. Unsere Blicke begegneten sich. Wir lächelten. Wir wussten es beide. Jesus war auferstanden. Er war hier. Er war mitten unter uns. Seine Liebe füllte dieses Haus.

Unser Haus wurde ein Ort des Treffpunktes und des Gebetes. Alle, die an den Auferstanden glaubten, trafen sich in unsrem Haus. Es war gefährlich. Uns drohte der Tod, wenn heraus käme, dass sich Anhänger von Jesus bei uns versammelten. Aber das kümmerte uns nicht. Der Tod konnte uns nicht mehr erschrecken. Wir hatten keine Angst vor ihm. Der Tod hatte seinen Stachel für uns verloren. Nichts würde uns von der Liebe Gottes trennen können.

Manchmal erinnerte ich mich daran, wie mir mein Haus als Gefängnis vorgekommen war – damals als mir bewusst wurde, dass ich es versäumt hatte zu lieben. Nun war unser Haus nicht mehr ein Gefängnis. Es war ein Ort der Freiheit.

Petrus, einer der Jünger, den sie gefangen genommen hatten, eilte zu uns, als Gott ihm half aus dem Gefängnis zu entkommen. Er eilte so schnell er konnte zu unserem Haus. Denn er wusste, dass wir hier zusammen waren – in Liebe vereint – und Jesus mitten unter uns. Er wusste, dass er nur hier sicher und frei war – hier wo die Liebe war.

Ich werde nun nicht mehr auf mein Leben zurück schauen müssen und mir sagen: ich habe zu wenig geliebt. Ich habe geliebt. Ich liebe. Ich werde lieben in Ewigkeit.

Rhode

zu Apostelgeschichte 12,13-16

Rhode

Rhode, kleine Rose, wie hast du sie erkannt? Wie hast du die Stimme von Petrus erkannt? Hast du ihm so oft zugehört? Bist du still zu seinen Füssen gekauert und hast gelauscht, wenn er erzählt hat? Hast du ihm seine Stimme mit den Augen von seinen Lippen gesogen; sie in dich hinein getrunken? Hattest du dich an ihr berauscht wie an wildem Honig? Hattest du gewartet auf ihn, dass er wieder komme? Woher kanntest du seine Stimme so gut?

Du warst so sicher, als du seine Stimme vor der Tür vernahmst. Die Dunkelheit der Nacht konnte diese Stimme für dich nicht verhüllen. Seine Stimme drang durch die Stille hindurch direkt in dein Herz. Keine Türe hätte diese Stimme von deinem Herzen ausschliessen können. Sie gehörte in dein Herz. Dein Herz war bereit, sie aufzunehmen und zu erkennen. Dein Herz erwartete diese Stimme, auch wenn es noch so unwahrscheinlich war, dass sie sprechen würde. Sie hat gesprochen; und du hast keine Sekunde gezögert zu hören und zu verstehen. Trunken von dieser Stimme überschäumtest du vor Freude. Die Freude riss alle Türen auf zwischen dir und ihm. Dass da noch eine Türe aus Holz war, hatte keine Bedeutung mehr. Nicht für dich. Die Tür deines Herzen stand speerangelweit offen.

Du konntest an nichts anderes mehr denken, als diese Freude zu teilen. Alle sollten es wissen: Petrus ist wieder da. Die Gefängnismauern hatten ihn nicht halten können. Wie hätten sie auch?! Wer kann denn schon die Liebe einsperren? Sie wird immer einen Weg finden in die Freiheit! Die Liebe ist stärker als alle Ketten, die man ihr anzulegen versucht. Die Ketten waren gesprengt! Petrus war frei!

Niemand glaubte dir. Viel zu unwahrscheinlich waren deine Worte. Wie sollte Petrus aus dem Gefängnis entkommen? Niemand entkam der Justiz.

Doch, er ist es! Ich habe seine Stimme erkannt! Er ist es! Er steht draussen vor der Tür!

Rhode, kleine Rose, du hast es gewusst. Niemand konnte dich davon abbringen. Du hast deiner Wahrnehmung vertraut. Du wusstest, dass es seine Stimme war.

Ich

Wenn ich doch du wäre. Wenn ich SEINE Stimme auch so gut kennen würde. Ich höre auf so viele Stimmen, dass ich oft nicht einmal mehr meine eigene von ihnen unterscheiden kann. Ich habe solche Angst, dass ich SEINE Stimme nicht erkennen könnte. Was, wenn die Tür zubleibt, weil ich IHN nicht gehört habe?

Jesus

Hab keine Angst. Ich bin nicht nur die Stimme. Ich bin auch die Tür. Ich selber öffne mich – für dich. Für die Liebe gibt es keine verschlossenen Türen. Deine Angst, mich nicht zu erkennen, ist der Schlüssel, der passt in meine Liebe zu dir. Selbst wenn du vergessen solltest, den Schlüssel im Schloss umzudrehen. Ich stehe vor der Tür und klopfe an. Ich werde hereinkommen und das Mahl mit dir halten. Weil ich weiss, dass du dich danach sehnst. Wir werden zusammen sein. Wir werden uns verstehen. Du wirst mich sehen, so wie ich bin. Wir werden feiern. Wir werden lachen und fröhlich sein. Die Tür zum Himmel steht offen.

Salome, die Mutter des Jakobus und Johannes

zu Matthäus 20,20-23

Salome:

Wie sehr ich meine Söhne liebe! Mein Herz überquillt von all den guten Gedanken und Wünschen für sie. Es zerreisst mir das Herz, wenn ich mir nur schon vorstelle, dass sie leiden müssten. Ich halte es nicht aus, wenn ihnen Übles widerfährt. Das weckt meinen Zorn und meinen Kampfgeist. Ich verteidige sie wie eine Löwin ihre Jungen. Nein, meine Kinder sollen nicht leiden! Sie sollen wachsen. Sie sollen gross werden, stark, mutig. Sie sollen Achtung, Ehre und Respekt bekommen. Sie sollen über viele gesetzt werden.

Mit wie viel Träumen und Hoffnungen ist mein Mutterherz erfüllt. Und wie gross ist die Angst, dass alles ganz anders werden könnte. Die Angst, dass die Kinder verloren gehen, das Leben vergeuden und verspielen könnten.

Nie hätte ich mich getraut, mich bei Jesus für meine Söhne einzusetzen – wenn nicht meine Hoffnungen und Träume und meine Angst mich dazu getrieben hätten. Ich musste alles für sie tun. Alles, was nur möglich war. Selbst wenn ich mich dabei lächerlich machen sollte. Ich wusste wie anmassend meine Bitte ist, dass meine Söhne zur Rechten und zur Linken Jesu sitzen dürfen in seinem Reich. Natürlich wusste ich es. Ich wusste, wie arrogant und frech eine solche Bitte tönt. Aber kann eine Mutter denn anders? Kann sie denn anders, als um das Höchste für ihre Söhne zu bitten?

Ich weiss, dass du mich verstehst. Nie hätte ich für mich selber eine solche Bitte ausgesprochen. Niemals. Ich bin froh, wenn du mich in Gnaden in dein Reich aufnimmst. Aber für meine Söhne muss ich kämpfen. Das gehört zu meinem Muttersein.

Wie glühte ich vor Freude und Stolz, als meine Kinder dir antworteten, dass sie denselben Kelch trinken wollten, wie du ihn trinken würdest. Ja, meine Söhne waren mutig. Söhne, die voll und ganz zu Jesus hielten.

Erst allmählich wurde mir bewusst, was Jesus ihnen daraufhin vorausgesagt hatte. Meine Kinder würden leiden müssen! Wenn sie den Kelch trinken müssen, den auch Jesus zu trinken hat – dann würden sie leiden müssen! Hatte Jesus nicht darüber gesprochen, was ihm alles an Leiden bevorstehen würde? Verspottung, Geisselung, Kreuzigung! Nein! Nicht das habe ich für meine Kinder gewollt! Mein Gott, nicht das! Sie dürfen nicht leiden! Niemand darf sie verspotten! Niemals! Mein Gott, was ist bloss geschehen? Ich wollte doch das Beste für meine Kinder. Wieso ziehst du sie mit in das Verderben? Und das nicht mal mit der Gewissheit, dass sie sich damit besondere Ehre verdienen. Nein, das will ich nicht!

Jesus:

Merkst du, wie deine Tränen dich läutern? Wie der Stolz aus dir herausgeschwemmt wird und dafür Hingabe, Ruhe und Frieden in dir wachsen? Ich liebe dich. Ich achte und bewundere dich für dein Muttersein. Ich ehre dich für deinen Einsatz, deinen Kampfgeist, für deine Hingabe und deinen Dienst. Aber nicht indem ich deinen Stolz schüre und befriedige. Das wird weder dich, noch deine Söhne glücklich machen. Ich ehre dich damit, dass ich denselben Geist in deinen Söhnen wachsen lasse, wie du ihn hast. Siehst du, dass deine Einsatzbereitschaft auch die deiner Söhnen ist? Sie sind nicht zurückgeschreckt, als ich ihnen Leid ankündigte. Sie sind bereit, sich ganz und gar hinzugeben, zu kämpfen, durchzustehen und auszuhalten. Das ist die Frucht dessen, was du ihnen vorgelebt hast. Das hast du sehr gut gemacht. Ich bin stolz auf dich. Nicht der Stolz, der vergiftet. Nicht der Stolz über Macht, Reichtum und Ehre. Ich bin stolz auf deine Hingabe. Und du kannst stolz sein auf deine Söhne. Sie sind bereit zu dienen und ihr Leben hinzugeben. Grösseres gibt es nicht.

Maria und die Frau, die Jesus Mutter seligpries

zu Lukas 11,27-28

Die Frau:

„Wie glücklich muss die Frau sein, die dich geboren und aufgezogen hat."

Maria:

Dass ich nicht lache! Was habt ihr denn für eine Ahnung? Habt ihr wirklich den Eindruck, es ist ein Glück, den eigenen Sohn sein Leben aufs Spiel setzen zu sehen? Habt ihr das Gefühl, es ist lustig miterleben zu müssen, wie das eigene Kind verspottet und verlästert wird, angegriffen und verurteilt und lächerlich gemacht? Was habt ihr denn für eine Vorstellung davon, was es heisst im Kreuzfeuer der Kritik zu stehen? Wir tragen als ganze Familie mit an diesem Kreuz. Ich kann euch gar nicht sagen, wie viele Tränen mich das schon gekostet hat. Wie oft – wie oft habe ich mir gewünscht, die Mutter eines ganz normalen unauffälligen Kindes zu sein. Kein Dienst, der die Welt provoziert. Keine Arbeit in der Öffentlichkeit. Eine ruhige, stille Arbeit, die uns Raum und Zeit gäbe, das Zusammensein zu geniessen. Was habe ich denn noch von meinem Sohn? Nichts! Rein gar nichts! Ständig rennt er in der Welt umher, redet, predigt, fordert die Leute heraus – und wieder bekommen wir eins aufs Dach. Nein, Tausend Mal lieber wäre es mir, er bliebe zu Hause unter unserem Dach und würde die Dächer anderer Leute Häuser reparieren. Dafür bekämen wir wenigstens Geld und Essen. Was bringt uns dieser Dienst denn anderes als Leiden und Mühsal? Niemandem wünsche ich es, als Mutter hinter dem Sohn her gehen zu müssen, der sein Kreuz trägt! Niemandem! Wisst ihr, was für eine Herausforderung es ist, da nicht zu hassen? Was will diese Welt?! Die sollen mir doch meinen Sohn lassen! Die machen alles kaputt – unsere Familie, unsere Liebe. Wie viel einfacher wäre es, wenn er nicht mein Sohn wäre. Wie viel weniger würde es mich betreffen.

Mein Sohn hat recht: Selig ist nicht die Frau, die dich geboren und aufgezogen hat, sondern „selig sind die, die Gottes Wort hören und bewahren". Das ist das Glück – das einzige. Die Augenblicke, in denen ich glauben und darauf vertrauen kann, dass Gott es ist, der in und durch ihn wirkt. Wenn ich höre, dass Gott redet, dass mein Sohn Gottes Wort spricht – dann reisst auch für mich einen Moment lang der Himmel auf. Dann kann ich mich für eine Zeit lang versöhnen lassen mit meiner Rolle. Dann schaffe ich es für Stunden, Tage, manchmal sogar Wochen darauf zu vertrauen, dass es gut ist, so wie es ist.

Seine Worte sind das einzige Licht im Dunkeln des Nicht Verstehen Könnens. Ich klammere mich an seine Worte, während sie die Nägel durch seine Hände schlagen. Der letzte Schlag gegen das Böse. Ich halte mich an seine Worte, während das Blut aus seinen Wunden rinnt. Der Ausfluss der göttlichen Liebe. Einen kurzen Moment lang reisst der Vorhang im Allerheiligsten auch für mich auf. Ich sehe. Ich verstehe. Bevor ein Schleier von Tränen alles wieder zudeckt für mich.

Dann begegnet mir der Auferstandene. Die Liebe ist stärker als der Tod. Die Liebe besiegt den Tod. So wie er es gesagt hat. Ganz genau so, wie er es gesagt hat. Er wischt meine Tränen ab.

Himmel und Erde vergehen; doch seine Worte bleiben bestehen.

Glücklich ist, wer Gottes Wort hört und bewahrt. Ja – glücklich ist wer Gottes Wort hört und bewahrt.

Töchter von Jerusalem

zu Lukas 23,28

Ich stand dort. Am Strassenrand. Mitten in der Menge. Jeder wollte etwas sehen. Ein Drücken und Drängen. Ein ohrenbetäubender Lärm. Die Gemüter waren erhitzt. Soeben hatten sie auf dem Platz vor dem Palast ein Todesurteil erzwungen. Durch Geschrei hatten sie Pilatus dazu gebracht, einen Mann zu verurteilen, von dem viele wussten, dass er unschuldig war. Aber die Hitze des Gefechts hatte sie alle entflammt. Das Feuer war aufgelodert und konnte nicht mehr gelöscht werden. Sie hatten sich alle verbrannt daran.

Ich kam mir vor wie in der Hölle. Ich hatte Angst, wenn ich all die verzerrten Gesichter um mich herum sah. Die nackte Gewalt stand ihnen ins Gesicht geschrieben. Jeder konnte zum Feind werden. Ich wusste es. Und blieb trotzdem. Ich wollte den Verurteilen sehen. Ich wollte ihn unbedingt sehen. Ich wusste, dass ich ihn sehen musste. Also kämpfte ich mich durch die Menge.

Da – plötzlich ein Spalt direkt vor mir. Zwischen zwei mächtigen, muskulösen Männern hindurch konnte ich i h n sehen. Er torkelte. Fiel unter der Last des Kreuzbalkens, den er tragen musste. Blut strömte über seinen Körper. Er musste unsagbare Schmerzen leiden. Es zerriss mir das Herz, als ich ihn sah.

Das konnte doch nicht sein. Das durfte einfach nicht sein. Das war ein ganz anderer Mann, als all die Männer um mich herum. Jeder sah auf den ersten Blick seine Sanftmütigkeit. Niemals hatte dieser Mann ein Verbrechen verübt, für das er hätte gekreuzigt werden müssen. Niemals! Die anderen Männer wollten wohl seine Unschuld bekämpfen. Er passte nicht zu ihnen. Er war ein Affront gegen ihre Hartherzigkeit und ihre Grobschlächtigkeit. Jeder, der vor ihm stand, musste sich verurteilt fühlen. Gemessen an ihm waren sie alle Verbrecher. Sie wussten es - und konnten es nicht zulassen.

Jesus brach zusammen. Direkt vor meinen Augen. Ich weinte.

Da hob er seinen Blick. Überall klafften offene Wunden auf seinem Gesicht. Aber seine Augen waren heil. Sie leuchteten, offen, hell und klar. Seine Augen begegneten den meinen. Wir schauten uns an – für einen kurzen Moment. Dann öffnete er seine aufgeplatzten Lippen und sagte mit überraschend deutlicher Stimme:

„Ihr Töchter Israels, weint nicht über mich, sondern weint über euch selber und über eure Kinder."

Ich hörte seine Stimme - mitten in dem Lärm. Es war, wie wenn für diesen Augenblick alle anderen Geräusche ausgelöscht worden wären. Einzig und allein, damit ich seine Stimme hören konnte.

Ich verstand ihn. Dieser Mann war stärker als sie alle. Die Liebe in ihm würde niemand auslöschen können. Das wusste ich schon zu diesem Zeitpunkt, mit absoluter Gewissheit. Seine Liebe würde stärker sein als der Tod. Niemand würde diesen Mann daran hindern können zu lieben. Lieber litt er sich zu Tode, als dass er sich von dem Hass der Menge hätte anstecken lassen.

Dieser Mann schaffte es, mein Herz zu berühren - innerhalb von Sekunden. Diese Begegnung war die tiefste, die ich jemals erlebt hatte. Und das mit einem Mann, der kurz vor seiner Hinrichtung stand. Dass er da noch an andere denken konnte! An mich!

Er sah meine Tränen. Er nahm mich wahr. Und das obwohl er vor Schmerzen beinahe von Sinnen sein musste. Mein Gott, was war das für ein Mensch!

Nein, um diesen Mann musste ich nicht weinen.

Die Elenden waren wir. Die hetzende Menge, in der ich mich befand. Ich mitten unter diesen Mördern. Selber eine Mörderin indem ich mitlief. Tränen über diesen Mann würden das Feuer dieses Hasses nicht auslöschen. Nichts veränderte sich, wenn ich über ihn weinte. Er würde hingerichtet werden. Die Tränen würden versiegen. Und mit der Zeit würde ich diesen Tag und diesen Verurteilten vergessen.

Jesus hatte recht. Ich musste weinen über mich und über die Kinder Israels. Dann würden meine Tränen bleiben. Dann würden sie nie versiegen. Dann konnten meine Tränen zu einem Quell werden. Einem Quell der Lauterkeit. Dann würde sich in meinen Tränen spiegeln können, wie Gott die Verlorenen sieht.

Dazu braucht Gott meine Tränen. Meine Tränen, mit denen er weint um die Verlorenen. Meine Tränen, die auf das Feuer des Hasses tropfen. Meine Tränen, die zu Bächen werden, diese Erde zu tränken. Damit endlich wieder erfrischendes Grün aus dem Boden quillt. Damit Liebe wächst.

Meine Tränen weih ich dir. Nicht als Abschiedstränen, die irgendwann wieder trocknen. Ich will nicht über dich weinen. Ich will mit dir weinen.

Ich weiss, wie schwer das ist. Ich sehe, was es dich kostet. Ich sehe dich hier leiden. Um unseretwillen. Was für eine Bereitschaft zu leiden!

Ich hab sie nicht. Ich will davon laufen und mich verstecken. Nein - so leiden kann ich nicht! So viel Tränen habe ich nicht! So viel weinen will ich nicht.

Aber dann sehe ich wieder dich, wie du unter deinem Kreuz auf der staubbedeckten Strasse liegst. Deinen Blick hebst. Mich ansiehst. Und mir sagst: Weine über dich, weine über deine Kinder. Weine. Nicht heute, nicht hier. Aber den Rest deines Lebens. Weine für die Verlorenen.

Jesus, du hast mich dazu berufen zu weinen. Lehre mich die Gabe der Tränen. Lass mich nicht die Augen schliessen, damit ich nichts sehe und nicht weinen muss. Lass mich mein Herz nicht verhärten. Lass mich nicht kalt werden gegenüber meinem eigenen Elend und dem Elend um mich herum. Schenke mir Tränen. Immer wieder neu. Und hilf mir, dein Geschenk anzunehmen – und niemals zu vergessen, dass du mir diese Tränen schenkst.

Ich weine über all das in mir, das sich diesem Schmerz entziehen will.

Ich weinen mit dir.

Danke für alle Tränen, die ich für andere weinen darf.

Danke für den Moment, wo unsere tränenerfüllten Augen sich begegnet sind.

Du hast mich in Tränen getauft. Du bist mir in Tränen begegnet.

Die tiefste Begegnung meines Lebens – die Begegnung in Tränen mit dir.

.

Die blutflüssige Frau

zu Lukas 8,43-48

Die Frau:

Nein, nicht schon wieder! Bitte nicht schon wieder! Wieder diese Krankheit, wieder diese Schmerzen! Ich halte es nicht mehr aus. Nicht nochmals. Ich kann nicht mehr. Soll ich denn für irgendetwas bestraft werden? Ich habe doch alles, wirklich alles gemacht, um die Krankheit zu vermeiden. Was soll ich denn noch tun? Wie soll ich mich denn noch schützen? Wieso bricht sie immer wieder von neuem aus? Wieso werde ich gezwungen, diese Schmerzen auszuhalten? Wenn das das Leben ist – dann habe ich nicht mehr die Kraft dazu. Ich kann nicht mehr. Ich bin am Ende aller meiner Hoffnungen. Die Verzweiflung frisst mich auf. Die Selbstverurteilung vergiftet mich. Ich muss schuld sein. Irgendetwas ist nicht recht mit mir. Ich bin es nicht Wert gesund zu sein. Die anderen – die dürfen gesund sein und stark und fröhlich – ich bin dazu verurteilt zu leiden. Irgendetwas mit mir muss nicht stimmen, wenn ich zu einem solchen Urteil verdammt worden bin. Dabei weiss ich nicht, was ich getan haben sollte, was so schlimm wäre, dass ich zu lebenslänglichen Schmerzen hätte verurteilt werden müssen. Wer ist der Richter? Wer spricht Urteile über Leben und Tod, über Krankheit und Gesundheit? Ich fühle mich schuldig. Ich fühle mich ausgeliefert. Ich bin diesem Schmerz total ausgeliert. Er lässt keinen klaren Gedanken in meinem Kopf zu. So gross ist der Schmerz, dass er meinen ganzen Kopf auszufüllen scheint; meinen ganzen Körper. Ich bin nur noch Schmerz. Schon wieder. Einmal mehr.

Seit zwölf Jahren. Mein Gott – wann ist es denn endlich genug?!

Seit zwölf Jahren geht das so. Alles habe ich versucht. Nichts hat etwas gebracht. Es wurde nur immer schlimmer.

Dann hörte ich von diesem Heiler. Ein junger Mann. Einige sagten, er sei Gott selber, andere erzählten mir, er habe göttliche Kräfte. Das war es, was mich aufhorchen liess. Wenn auch nur die geringste Chance bestand, dass hier Gott selber mit im Spiel war, dann war das die letzte Möglichkeit für mich, noch einmal zu hoffen. Die Menschen hatten mir nicht helfen können. Niemand. Wenn jemand mir noch helfen konnte, dann wirklich nur noch Gott. Ich wäre nicht hinausgegangen, wenn ich nicht diesen Funken Hoffnung gehabt hätte: vielleicht begegne ich hier Gott.

Aber eigentlich getraute ich mich nicht, Gott zu begegnen. Was hatte ich alle diese Jahre über ihn gelästert! Ich hatte ihn für meine Krankheit verantwortlich gemacht! Er war schuld. Er hatte meinen Körper geschaffen. Er hätte mir Gesundheit schenken können. In seiner Hand wäre es gelegen. Und wenn ich nicht ihn anklagte, dann machte ich mich selber runter. Redete mir ein, dass ich halt nichts wert sei. Obwohl ich wusste, dass dies in den Augen Gottes genauso falsch sein musste, wie meine Auflehnung gegen ihn. Nein, eigentlich konnte ich Gott nicht gegenüber treten. Zu vieles stand zwischen uns.

Ich musste von hinten an ihn herankommen. Vielleicht würde er mich ja gar nicht bemerken in dieser ganzen Menschenmenge, die ihn ständig umgab. Wenn ich ihn berührte, dann würden seine heilenden Kräfte auf mich überfliessen und ich wäre geheilt und könnte wieder untertauchen in der Menschenmenge. So musste ich es versuchen. Ich wäre nicht hinausgegangen, wenn ich nicht mit dieser Möglichkeit gerechnet hätte. Ich hätte mich nicht getraut, direkt vor Jesus hinzutreten. So mutig war ich nicht.

Ich konzentrierte mich ganz auf das, was ich tun wollte. Nahm alle meine Kräfte zusammen, drängte mich durch die Leute immer mit dem Ziel vor Augen, mich bis zu Jesus vorzukämpfen und von hinten sein Gewand zu berühren.

Ich muss sein Gewand berühren. Alles andere ist jetzt unwichtig. Ich muss alles daran setzten, mich zu ihm vorzudrängen und sein Gewand zu berühren. Ich muss es schaffen.

Ich hielt mich ganz fest an diese eine Aufgabe, die ich mir gestellt hatte. Ich gab nicht auf. Hielt durch.

Bis ich sein Gewand berührte. Ich berührte es. Und war gesund. Ich spürte es sofort.

Ich wusste, dass ich geheilt war. Aber im selben Moment erschrak ich zu tiefst. Jesus fragte: „Wer hat meine Kleider berührt?" Vor allen diesen vielen, vielen Leuten fragte er nach mir. Mein Gott, wie unendlich peinlich. Würde ich nun sagen müssen, was ich getan hatte? Was mir geschehen war? Wer ich war? Dabei wollte ich doch alles ganz still und heimlich über die Bühne gehen lassen. Und nun stand ich plötzlich im Mittelpunkt. Gab es denn keine Chance mehr unbemerkt davon zu kommen?

Nein, Jesus bleibt hartnäckig, obwohl ihn seine Jünger davon abzuhalten versuchen. Er schaut sich um. Er sieht mich.

Ich:

Jesus sieht mich. So wie er diese Frau vor zweitausend Jahren gesehen hat.

Und ich? Ich sage dir die ganze Wahrheit: Auch ich habe dich angeklagt. Ich habe dich verantwortlich gemacht für mein Leiden. Ich habe dir die Schuld gegeben für alles. Und mir. Ich bin es nicht wert. Ich bin ein Stück Dreck; ein Nichts. Ich bin es nicht wert, gesund zu werden.

Ich stehe hier vor dir. Mehr kann ich nicht. Ich will gesund werden.

Jesus:

Du bist es wert. Dein Herz soll nicht mehr bluten. Du sollst dich nicht mehr, nicht geliebt fühlen. Du sollst nicht mehr schuld sein. Die Schuld ist getilgt. Die Schuld gibt es nicht mehr. Es gibt nur noch die Liebe. Der Schuldbrief ist ans Kreuz geheftet. Ich blute für dich. Dein Herz muss nicht mehr bluten. Ich trage deine Schmerzen. Nie mehr bist du Schuld. Du bist nur noch geliebt. Ich habe die Schuld auf mich genommen. Nicht, weil du sie mir angehängt hast, sondern weil ich es so will. Ich will dass deine Wunden geheilt werden. Keine Verurteilung mehr, keine Verdammung mehr.

Es war deine Verurteilung, deine Verdammung, die mich ans Kreuz gebracht hat. Aber ich leide hier, weil ich es will. Weil ich mich verurteilen lassen wollte. Ich wollte dieses Leiden auf mich nehmen – für dich. Damit du merkst, dass deine Verurteilung keine Macht mehr hat. Meine Liebe ist stärker. Egal, was du tust, wie sehr du auch tobst – meine Liebe ist stärker – ich liebe dich trotzdem. Meiner Liebe kannst du nicht entfliehen. Ich stelle mich vor allen Leuten – zu dir!

Schwiegermutter des Petrus

zu Matthäus 8,14-16

Krank. Vom Fieber geschüttelt.

Dann kommt er.

Berührt ihre Hand.

Eine Berührung nur.

Sanft, zart.

Voll Liebe.

Voll Mitgefühl und Anteilnahme.

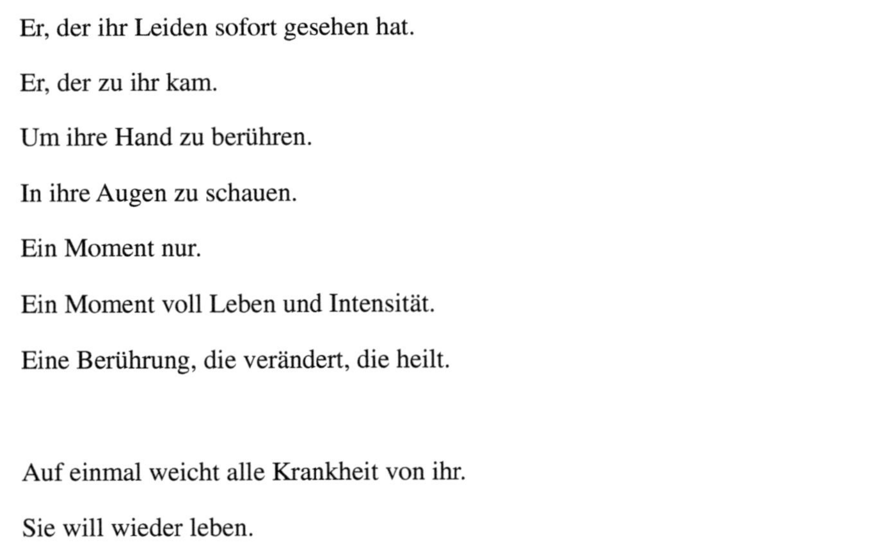

Er, der ihr Leiden sofort gesehen hat.

Er, der zu ihr kam.

Um ihre Hand zu berühren.

In ihre Augen zu schauen.

Ein Moment nur.

Ein Moment voll Leben und Intensität.

Eine Berührung, die verändert, die heilt.

Auf einmal weicht alle Krankheit von ihr.

Sie will wieder leben.

Sie kann wieder leben.

Sie weiss wieder wofür zu leben.

Sie steht auf, um ihm zu dienen.

Das macht Sinn.

Das allein.

Alles andere wird irrelevant.

Keine Schwachheit mehr, keine Müdigkeit.

Kraft, Motivation, Freude.

Wissen um Sinn.

Liebe.

Diese Berührung, diese Begegnung, dieser Moment, diese Person, diese Beziehung, diese Liebe.

Lass dich berühren.

Lass dich lieben.

Steh auf;

Und diene.

Keine Frage mehr nach Grund, Ursache, Sinn.

Antwort in der Fülle es Erlebens, in der Erfüllung des Dienstes.

Dienen – ihm,

das ist alles.

Das ist mehr als alles.

Das ist Leben und Ewigkeit.

Kairos.

Talita

zu Markus 5,21-24.35-43

Sie war krank. Unheilbar krank. Und sie wusste es. Und sie konnte es nicht annehmen. Wie hätte sie es auch annehmen können. Sie war ja noch ein Kind! Erst zwölf Jahre alt. Mit zwölf Jahren stirbt man doch noch nicht! Nein – kein Kind sollte sterben müssen. Sterben konnten die Alten; die, die lange gelebt hatte und müde und satt waren von ihrem Leben. Die sollten sterben! Aber nicht ein junges Mädchen, das sein ganzes Leben noch vor sich hatte. Alles in ihr wehrte sich gegen dieses Todesurteil, das über ihr hing. Sie schrie, schimpfte, weinte, zog sich zurück, bäumte sich erneut wieder auf. Sie kämpfte wie ein Löwe. Aber die Krankheit war stärker. Und sie wusste es. Und dieses Wissen tief in ihrem Herzen war es, das sie immer mehr vergiftete. Die Bitterkeit, die Enttäuschung, die Wut und der Hass wuchsen. Gott musste schuld sein. Wieso hatte er sie denn geschaffen – wenn er ihr das Leben sowieso gleich wieder nehmen will? Was sollte das alles? War sie denn die Akteurin in irgendeinem absurden Spiel? Machte sich Gott lustig über sie? Oh – wie sie ihn hasste. Wie sie alles, alles hasste.

Dabei war sie so ein munteres, fröhliches Kind gewesen. Immer bereit zum Lachen, zum Spielen. Alle haben sie gemocht. Sie war der Stern und der Stolz ihrer Eltern. Ihr Vater, der Synagogenvorsteher nahm sie überall hin mit. Mit geschwellter Brust und leuchtenden Augen stellte er jedem seine Tochter vor. Ja, sie wusste, dass sie etwas Besonderes war, dass sie geliebt wurde, dass sie kostbar war. Deshalb schien es ihr umso unbegreiflicher, dass sie ein solches Schicksal treffen sollte. Das war nicht fair. Nein – das konnte einfach nicht sein.

Das musste ein ganz grosser Irrtum sein. Irgendetwas ist da schief gelaufen. Gott musste nochmals über seine Bücher. Er konnte nicht sie gemeint haben. Eine andere musste sterben. Nicht sie. Ganz bestimmt nicht sie.

Aber die Krankheit schritt fort. Das Mädchen wurde immer blasser, müder, matter. Es gab Tage, an denen sie kaum mehr aufstehen konnte vor Erschöpfung und Schwachheit. Die Eltern versuchten alles, um ihr kleines Mädchen zu retten. Jeder Arzt wurde konsultiert. Jedes Medikament ausprobiert. Stunden lang sass ihre Mutter neben ihrem Bett, erzählte ihr Geschichten, sang ihr Lieder vor, brachte ihr, was auch immer sie sich wünschte. Aber ihr Hunger und ihr Appetit nahmen jeden Tag weiter ab. Kaum mehr ein paar Schlückchen heisse Brühe vermochte sie noch zu sich zu nehmen. Ihre Mutter weinte. Sie musste zuschauen, wie ihr kleines Mädchen vor ihren Augen dahinschwand. Sie konnte nichts tun. Alle ihre Gebete schienen ungehört zu verhallen. Die Decke drückte auf sie nieder und der Himmel schien so unendlich weit entfernt. Nein, da war kein Gott, der sich erbarmte über sie. Da war nur sie, ihr Mädchen, diese schreckliche Krankheit – und der Tod. Sie fühlte es, wie er sich immer mehr breit machte in diesem kleinen abgedunkelten Raum, wo ihr Töchterchen vor sich hinschlummerte. Nein, nein, nein – der Tod durfte ihr Kind nicht haben! Noch einmal wehrte sich alles in ihr gegen das Schicksal, das ihr bevorstand. Noch einmal bäumte sich alles in ihr auf. Noch einmal wagte sie zu hoffen. Noch einmal wollte sie kämpfen.

Sie sandte ihren Mann zu dem jüdischen Heiler, von dem sie gehört hatte. Sie wusste, dass sie das von ihrem Mann eigentlich nicht erwarten durfte. Der Heiler hatte gegen die Vorsteher der jüdischen Gemeinden gesprochen. Wenn ihr Mann dennoch mit ihm Kontakt aufnehmen würde, dann lief er Gefahr von seinen eigenen Glaubensgenossen verstossen zu werden. Möglicherweise würde er seinen Beruf verlieren. Und was hätte er dann noch? Wenn er seinen Tochter und seinen Beruf nicht mehr hätte?! Aber sie wusste auch, wie sehr ihr Mann seine Tochter liebte. Sie wusste, dass er alles für sie tun würde.

Und er tat es. Er eilte hinaus, diesem jungen Mann entgegen. Er warf sich vor ihm nieder! Mein Gott – er warf sich vor ihm nieder. Er, der Vorsteher der Synagoge, lag vor diesem jungen Mann im Staub. Er flehte ihn an zu kommen und zu helfen. Jeder konnte es sehen, wie er vor Jesus im Staube kroch.

Und Jesus ging mit ihm. Gefolgt von einer dichten Menschenmenge.

Jairus nahm alles nur noch halb wahr. Staub bedeckte seine Hände, sein Gesicht, seine Kleider. Tränen überschwemmten seine Augen. Er nahm nur noch wahr, dass dieser Jesus tatsächlich mit ihm kam. Es gab nochmals eine Chance! Eine allerletzte Chance!

Aber nein! Da kamen Leute von seinem Haus her auf sie zu gerannt. Deine Tochter ist tot. Tot! Aus. Vorbei. Alles vergebens. Es war zu spät. Es war vorbei. Er hatte verloren. Alles.

Aber da hörte er diese Stimme. Verzweifle nicht! Verlass dich ganz und gar auf mich! Und er klammerte sich an diesen Strohhalm, an diese Stimme, an diese Worte. Verzweifle nicht. Verlass dich ganz und gar auf mich. Verzweifle nicht.

Jesus wies die Leute zurück. Auf einmal waren da nur noch Jairus und dieser Jesus und drei seiner engsten Freunde. Sie kamen zu seinem Haus, wo bereits die Totenklage begonnen hatte. Leute waren da, die weinten und jammerten. Wieder wollte die Wehklage Jairus mit sich fort reissen. Da gebot Jesus den Leuten, mit dem Lärm aufzuhören. Das Kind sei nicht tot, es schlafe nur. Oh, wie die Leuten spöttisch lachten. Wie hätte Jairus selber spöttisch gelacht – wenn er nicht gewusst hätte, dass es nur noch diese eine Hoffnung gab. Er musste sich daran fest klammern. Er musste. Sollten sie alle lachen über ihn, über Jesus – egal – wenn nur seine Tochter leben durfte! Alles würde er hingeben für das Leben seiner Tochter! Sollten sie ihm doch Ehre und Beruf und was sie wollten wegnehmen – aber nicht seine Tochter! Das war das einzige, was er nicht hergeben konnte.

Sie traten an das Bett des Mädchens.

Das Mädchen hatte schon lange sein Bewusstsein verloren. Seid vielen Tagen konnte es kaum mehr etwas essen. Zuerst hatte sie noch die Mutter neben sich gefühlt, ihre Stimme gehört, die Geschichten, die Lieder, die sie ihr vorsang. Aber dann wurde diese Stimme immer schwächer. Immer mehr entfernte sie sich von ihr. Um sie war Dunkelheit. Sie hatte keine Kraft mehr zum Kämpfen. Sie gab sich hin; gab sich auf; liess sich fallen. Irgendwann einmal in dieser endlosen Nacht hörte sie nochmals leise Stimmen; von weit her hörte sie weinen und klagen. Ein Begräbnis. Irgendjemand musste gestorben sein. Und schon schloss die Nacht sich wieder über ihr.

Bis plötzlich ganz hell, ganz klar diese Stimme zu ihr sprach: „Mädchen, steh auf." Es war kein Zweifel. Jemand sprach zu ihr. Mädchen, steh auf! Kein anderer Gedanke konnte sich in ihr breit machen. Da war nur diese eine Stimme, dieser eine Befehl. Sie konnte gar nicht anders, als zu tun, was ihr die Stimme gebot. Sie stand auf. Und sah ihn. Er hatte ihr die Hand gereicht. Sie stand vor ihm.

Er war ihr Leben. Was immer sie an Leben hatte – es kam von ihm. Er war ihr neues Leben. Eine prickelnde Freude durchströmte ihren ganzen Körper. Sie lachte! Sie lachte wieder! Dasselbe glockenhelle Lachen, das alle so geliebt hatten. Sie hatte ihr Lachen zurückbekommen. Sie lachte und weinte vor Freude. Und nun gebot er, dass ihr etwas zu essen gebracht würde. Ja, nun würde sie wieder essen können. Endlich würde sie wieder essen können. Und sie wusste es in diesem Augenblick: sie würde mit ihm essen, an seinem Tisch – in Ewigkeit. Der Tod hatte endgültig die Macht über sie verloren. Er würde sie nicht mehr von ihm trennen können. Er und sie gehörten zusammen. Er war ihr Leben.

Tamar

zu 1. Mose 38

Tamar:

Mein Vater hat mich verkauft. An einen Mann, den ich nicht wollte. Ich habe nie gelernt zu lieben, ich weiss nur, wie man hasst.

Die Wut schwelte schon als Kind in mir. Ich schien für meinen Vater immer nur ein Stück Besitz zu sein. Nie schaute er mich an. Nie redete er mit mir. Ich war völlig bedeutungslos für ihn. Er lebte für seine Söhne. Seine Tochter war ihm egal. Er schien froh, als er endlich einen Mann für mich gefunden hatte. Er schätze meinen Wert anscheinend nicht gerade hoch ein. Meine ganze Kindheit hatte mir eingeprägt: Du bist nichts wert. Du bist ein Niemand, ein Nichts, ein Stück Dreck.

Mit diesem Selbstbewusstsein ging ich in meine Ehe. Ich war überzeugt davon, dass man mich nicht lieben könne. Entsprechend verhielt ich mich und mein Mann begann meine Überzeugung mit der Zeit wohl zu teilen. Er war meiner sehr schnell überdrüssig. Er begann fremd zu gehen. Für mich der Beweis dafür, dass mein Urteil über mich selber stimmte: Ich war es nicht wert, geliebt zu werden.

Die Selbstverurteilung war wie Öl in das schwelende Feuer meines Hasses. Ich hasste diese anderen Frauen, die alle schöner und begehrenswerter waren als ich. Ich hasste meinen Mann, weil er mir nicht gab, was ich brauchte. Ich hasste mich dafür, dass ich nicht mehr zustande brachte in meinem Leben ausser, mich betrügen zu lassen. Mein Hass loderte immer höher auf. Ein verzehrendes Feuer in mir. Erst viel später lernte ich einen kennen, der diesen Hass verstand. Zu diesem Zeitpunkt war ich allein. Völlig allein.

Mein Mann starb. Nicht dass ich darüber traurig gewesen wäre. Im Gegenteil. Ich triumphierte innerlich. Hatte er also seine gerechte Strafe für seine Untreue bekommen! Sollte er schmoren im Feuer der Hölle. Von mir bekäme er auch nicht einen Tropfen Mitleid.

Nicht dass ich nach dem Tod meines Mannes plötzlich frei gewesen wäre. Ich wurde weiter so behandelt wie schon immer: Ein Stück Besitz, das man hin und her schieben kann, wie man will. Niemand interessierte es, was ich dachte oder fühlte. Ich wurde einfach weiter verheiratet. An den Bruder meines Mannes. Der sollte endlich den Samen in mich legen, der der Familie meines Mannes den Nachkommen gab, um dessentwillen sie mich gekauft hatten. Da ich bis jetzt noch nicht schwanger geworden war, sahen sie mich bereits als Fehlinvestition. Der Bruder meines Mannes verachtete mich tief. Er behauptete, mein griesgrämiges Gesicht hätte seinen Bruder ins Grab gebracht. Er wehrte sich gegen eine Heirat mit mir. Ich sei eine Hexe. Er wollte mich nicht. Aber auch er musste sich dem Urteil seines Vaters beugen. Die Hochzeit fand statt. Aber Onan wehrte sich. Er begehrte heimlich gegen seinen Vater auf. Er schlief zwar mit mir. Aber jedes Mal kurz bevor er kam, riss er sein Glied aus meinem Innern und liess den Samen auf den Boden spritzen. Dann lachte er mir hämisch ins Gesicht: Von mir, Hexe, bekommst du kein Kind. Sollen sie dich verbrennen wegen deiner Kinderlosigkeit. Ich lag da, nackt, ausgeliefert. Mit gespreizten Beinen. Begierig nach dem Samen, der endlich ein Kind in mir wachsen lassen würde. Damit ich endlich jemand wäre. Tränen brannten in meinen Augen. Ich war ein Stück Dreck. Mehr nicht.

Aber jemand schien sich für mich einzusetzen. Auch über Onan wurde das Urteil gesprochen. Auch er starb. Langsam begann ich zu ahnen, dass es einen grösseren Richter gab. Grösser als all die Richter, die ich kannte. Von ihnen hätte mich jeder verurteilt. Eine Kinderlose. Eine Frau, die ihren Zweck nicht erfüllt. Schuldig. Aber der, der Macht über Leben und Tod hatte, schien meinen Fall anders zu sehen. Er hatte meine Männer schuldig gesprochen.

Nach dem Tod von Onan musste ich zurück unter das Regiment meines Vaters. Der dritte Bruder meiner verstorbenen Ehe-Männer war noch zu jung für eine Heirat. Ich wurde abgeschoben. Bis er älter sei. Ich ahnte damals schon, dass er das nie sein würde. Nie würde Juda, mein Schwiegervater, mir auch noch seinen dritten Sohn zum Mann geben, nachdem bereits zwei seiner Söhne an mir gestorben sind. Mein Vater liess es mich merken, was er von mir hielt. War ich vorher noch ein Stück Besitz für ihn, so behandelte er mich nun wie ein Stück Vieh. Ich musste die dreckigsten Arbeiten machen. Ich war wie eine Sklavin für ihn. Er trat mich mit Füssen.

In dieser ganzen Zeit fragte ich mich unablässig: Wer bin ich denn? Wer bin ich denn, dass ich so behandelt werde? Wodurch habe ich das verdient? Gibt es denn niemand, der für mich ist? Diese Fragen trieben mich an. Sie liessen mich am Leben. Aus ihnen wuchs der Entschluss, mir selber Recht zu verschaffen.

Ich hatte Zeit meinen Plan bis ins Detail auszuklügeln. Ich würde bekommen, was mir zustand. Ich wartete bis die Frau meines Schwiegervaters gestorben war. Nicht sie war an meinem Unrecht schuld. Mein Schwiegervater Juda sollte zahlen. Juda allein. Ich wusste, dass er regelmässig mit seinem Freund Hiram nach Timna ging, wo seine Schafe geschoren wurden. Ich verkleidete mich als Hure und setzte mich an den Ortseingang von Enajjim, das auf dem Weg nach Timna liegt. Als Juda vorbeikam hielt er mich für eine Prostituierte. Da wusste ich, dass ich ihn an der Angel hatte. Er kam zu mir an den Wegrand. Er erkannte mich nicht. „Lass mich mit dir schlafen!“ Ha – das lief alles wie am Schnürchen. „Was bekomme ich dafür?“ „Ich werde dir einen Ziegenbock aus meiner Herde bringen.“ „Nur wenn du mir ein Pfand da lässt, bis du ihn bringst.“ „Gut, was soll ich dir geben?" „Deinen Siegelring mit der Schnur und deinen Stab." Der Fisch hatte angebissen. Ich nahm Juda mit in ein Gemach, das ich extra dafür gemietet und vorbereitet hatte. Teure Stoffe zierten die Wände. Betörende Düfte füllten den Raum. Juda war halb von Sinnen. Kein Chance mich zu erkennen. Ich hielt meinen Schleier vor dem Gesicht. Zog mein Kleid hoch. Spreizt meine Beine. Juda stürzte sich auf mich. Er stiess in mich hinein. Liess seinen Samen spritzen. Endlich. Endlich empfing mein Leib den Samen, der mir diese Familie schuldig war.

Ich war nicht unfruchtbar. Ich wurde sofort schwanger. Ein einziges Mal hatte genügt. Ich hatte bekommen, was ich wollte. Mein Bauch begann sich zu wölben. Mein Selbstbewusstsein wuchs. Endlich nahm ich den Raum ein, der mir zustand.

Als Juda mich für den Sex bezahlen wollte, war ich natürlich längst verschwunden. Mit seinem Siegelring und seinem Stab. Ich wusste, dass ich diese noch brauchen würde in meinem Kampf um mein Recht.

Als mein Schiegervater von meiner Schwangerschaft erfuhr, wurde er fuchsteufelswild. Er sah mich immer noch als Besitz seiner Familie an und ich hatte durch diese Schwangerschaft seine Familienehre beschmutzt. Ich galt offiziell als künftige Frau von Schela, seinem dritten Sohn. Ich hatte kein Recht, mich von irgendeinem anderen schwängern zu lassen. Juda verurteilte mich zum Tod auf dem Scheiterhaufen. Er wollte mich verbrennen lassen. Schon wurde ich aus dem Dorf gezerrt. Da zeigte ich den Siegelring und den Stab und schrie, dass diese dem Vater meines Kindes gehörten. Juda erglühte vor Scham. Er gab mir Recht. Er liess mich am Leben. Auch wenn er mich niemals mehr anfasste – sein Kind wuchs in mir heran.

Nein, nicht nur ein Kind. Ich wurde doppelt gerecht gesprochen. Er und Onan, beide meine verstorbenen Ehe-Männer hatten mich betrogen – nun sollte ich

Zwillinge bekommen! Wieder ahnte ich etwas von dem Richter, der über meinem Recht wachte. Ein Richter, der mich nicht für meinen Hass verurteilt hat. Ein Richter, der mich verstand. Ein Richter, der mich nicht daran gehindert hat, für mich aufzustehen. Selbst wenn er mein Tun vielleicht nicht gut geheissen hat – er hat Gutes über mich verheissen. Die Familie meiner zwei Ehemänner schuldete mir zwei Kinder. So hat der Richter geurteilt.

Dass er es war, der hinter dem Urteilsspruch stand, wurde mir aber erst am Tag der Geburt richtig bewusst. Vorher dachte ich immer noch, ich selber hätte Recht geschaffen. Als meine Zwillinge auf die Welt kamen, wusste ich, dass mir Recht verschafft worden war. Nicht ich war Richterin. Das Urteil lag in der Hand eines anderen.

Das wurde mir klar, als eines der Babys bei der Geburt seine Hand herausstreckte. Die Hebammen band einen roten Fanden um das Handgelenk. Rot wie die aufgehende Sonne. Ich würde dieses Kind Serach nennen „Rotglanz". In der Hand dessen, der das Licht ist, liegt das Leben. Aber der kleine Serach zog seine Hand nochmals zurück. Er liess das andere Kind zuerst durchbrechen. Ich nannte dieses Kind Perez „Durchbruch". Ich habe mir den Durchbruch erzwungen – wie der kleine Perez. Ich war kein Stück Dreck, keine Kinderlose! Perez war der Durchbruch – auch für mich. Aber vor ihm und nach ihm kam Serach, der „Rotglanz". Über mir ging die Sonne der Gerechtigkeit auf. Weil ich mich dem Urteil desjenigen beugte, dessen Urteil allein zählt. Er hat mich für würdig geachtet. Er hat mir meinen Wert gegeben. Er hat mir Recht geschaffen. Wenn er für mich war, dann konnte niemand gegen mich sein. Das wusste ich nun. Und ich liess sein Urteil gelten. Ich verzichtete auf meine Selbstanklage. Ich verzichtet auch auf mein eigenes Recht, das ich zu haben glaubte. Ich lernte mich nur noch von ihm beurteilen zu lassen. Mein Leben lang war er mir gnädig. Er liess aus meinem Kind seinen eigenen Sohn wachsen. Ich bin die Tamar aus Jesu Stammbaum. Lange nach meinem Tod gab Gott mir noch einmal Recht. Das Recht der Gnade.

Gott:

Tamar, du hast das Recht auf meine Liebe – weil ich es dir gebe. Ich urteile über dich: du bist es wert geliebt zu werden. Dein Name wird mit meiner Gnade verbunden bleiben. In Ewigkeit. Denn meine Liebe hört niemals auf.

Elischeba

zu 2. Mose 6,23

Das war der schönste Tag in meinem Leben. Mein Mann und meine vier Söhne wurden miteinander zum Priesterdienst geweiht. Das ganze Volk war vor dem Heiligtum versammelt. Mose liess Aaron und meine Söhne herantreten. Vor den Augen aller zog er ihnen die wunderschönen Priesterkleider an: leinenes Gewand, mit Obergewand, Priesterschurz und gewebte Gürtel. Ich war so stolz und so glücklich. Gott hatte „meine" Männer ausgewählt, ihm zu dienen. Gab es eine grössere Ehre? Als ihnen die Turbane aufgesetzt wurden, stockte mir beinahe der Atem. War es wirklich möglich? Dass Gott meinen Mann und alle meine vier Söhne krönte mit einem solchen Amt?

Es war, wie wenn für einen Augenblick die Zeit still stehen würde. Mitten in all dem Glanz und der Herrlichkeit, die uns an diesem Tag, in diesem Moment umstrahlten, erinnerte ich mich an die vergangenen Monate. Sooft hatte ich daran gezweifelt, dass Gott uns bis hier her führen könnte.

Alle meine vier Söhne, Nadab, Abihu, Eleasar und Itamar, waren in Ägypten geboren worden. In der Sklaverei. Das einzig Gute war, dass bei ihrer Geburt die Bestimmungen des Pharaos nicht mehr galten, dass alle Knäblein nach der Geburt gleich getötet werden sollten. Der Pharao wollte wieder mehr männliche Arbeitskräfte, denn sein Grössenwahn war gewachsen. Die Gebäude, die wir als Sklaven für ihn zu bauen hatte, mussten immer noch grösser und prächtiger werden. Wir schufften uns beinahe zu Tode. Das Leid war unermesslich. Eigentlich hätte man in ein solches Leben keine Kinder setzten dürfen. Ich litt auch immer wieder an Schulgefühlen, dass ich vier Jungen zur Welt gebracht hatte. In eine Welt, in der wir nicht leben konnten. Aber gleichzeitig waren sie meine einzige Freude. Sie waren die Frucht meiner Liebe zu Aaron. Von dieser Liebe lebte ich. Wenn ich Aaron und meine Kinder nicht hätte lieben dürfen, wäre ich gestorben. Sie waren der Grund, weshalb ich mich am Morgen dazu aufraffen konnte, aufzustehen. Sie waren die Motivation, den Tag durchzustehen. Die wenigen Augenblicke, die wir miteinander teilen konnten, waren die Erfüllung meiner Sehnsucht. Oft hatte ich kaum die Kraft am Abend nach der schweren Arbeit noch etwas zu Essen zu kochen. Aber ich tat es für meine Männer. Wenn Aaron und die vier Jungs um den Tisch sassen, dachte ich oft: Dafür lohnt es sich. Wäre dieser Moment doch die Ewigkeit.

Aber diese Momente waren nur allzu schnell wieder vorbei. Jeden Tag neu quälten die Ägypter uns unter ihre Knuten. Wer zu langsam arbeitete wurde geschlagen. Oft wusste ich vor lauter Striemen an meinem Körper am Abend kaum, wie ich mich hinlegen sollte. Die Schmerzen waren unerträglich.

Bis Mose kam. Und mit ihm die Hoffnung. Mose war der Bruder meines Mannes. Er war durch ein Wunder gerettet worden von der Mörderhand des Pharao, damals als alle Buben getötet werden sollten. Die Tochter des Pharao hatte ihn gefunden auf dem Nil in dem Körbchen, in dem meine Schwiegermutter ihn ausgesetzt hatte. Die Pharaonen-Tochter wollte den kleinen Jungen behalten. Mose wuchs am Königshof auf. Sein Leben war wie ein Traum für unser ganzes Volk. Bis an dem Tag, an dem er am Hof in Ungnade fiel, da er einen ägyptischen Aufseher erschlagen hatte. Kurz zuvor hatte er herausgefunden, dass er selber ein Israelit war. Er wollte uns helfen. Aber er hat uns nichts geholfen. Mose musste nun selber um sein Leben bangen. Er flüchtete. Viele Jahre hörten wir nichts mehr von ihm.

Bis er zurückkam. Da ging die Hoffnung wieder auf über uns. Er wollte mit meinem Mann zusammen, den Pharao dazu bringen, unser Volk ziehen zu lassen. Aaron sollte reden für ihn. Das konnte mein Mann gut. Immer fand er das passende Wort. Er scheute sich nicht, vor den Leuten zu reden. Er konnte feurige Ansprachen halten; aber er konnte auch Worte des Trostes spenden. Seine Rede war voll Weisheit. Er kannte auch die Sprache der Liebe. Ich liebte meinen Mann um seiner Worte willen. Ich brauchte seine Worte. Ohne Nahrung konnte ich Tage lang überleben. Aber nicht ohne die Stimme meines Mannes. Ja, Mose hatte gut daran getan, meinen Mann als Wortführer zu wählen.

Miteinander stellten sie den Pharao zur Rede. Aber dieser liess sich nicht überreden. Gott musste mit seiner ganzen Macht auf ihn niederstürzen, bevor er uns ziehen liess. Schaurige Plagen kamen über Ägypten. In jenen Tagen glaubte ich oft nicht mehr daran, dass wir jemals frei sein würden.

Auch mein Mann glaubte wohl kaum mehr daran. Er stimmte zwar nicht in das Gejammer von Mose mit ein. Nie lehnte mein Mann sich gegen seine Berufung auf. Nie haderte er mit Gott, dass er diese Aufgabe nicht machen könne, dass er sowieso nichts bewirken könne. Um seine Zweifel machte mein Mann nie grosse Worte. Aber ich spürte ihn daran, dass er immer härter um Worte der Hoffnung ringen musste. Er schien diese Worte vergessen zu haben. Aber doch fielen sie ihm hin und wieder zu. Gott selber schien sie ihm in den Mund zu legen. Dann wenn er kein einziges eigenes Wort mehr fand, dann schenkte Gott ihm eins. Und wieder stand er auf und trat vor den Pharao. Sein Nicht-Aufgeben war meine Stütze. Mitten in diesen schrecklichen Tagen der Plage.

Dann kam der letzte Abend. Gott hatte angewiesen, dass wir uns in unsere Häuser zurückziehen sollten. Dass wir die Türrahmen mit Blut bestreichen sollten. Damit der Todesengel, der alle Erstgeborenen holen würde, an unseren Türen vorübergehe. Diese Nacht war Horror. Ganz eng rückten wir zusammen. Ich presste mich an Aaron. Wir legten die Arme um unsere Söhne. Würde Gott uns wirklich verschonen? Draussen heulte ein Nachtwind, der einen erschaudern liess. Ich zitterte. Würden wir überleben?

Der neue Tag brachte uns die Freiheit. Endlich liess uns der Pharao ziehen. Auch sein Erstgeborener war tot. Aber wir lebten. All die Anspannung fiel von uns ab. Wir rannten und tanzten in die Freiheit. Nun wo der Druck endlich gewichen war, überschäumten wir beinahe vor Freude. Ich lachte meine Familie an. Die Jungs jauchzten zurück. Aaron strahlte ich an. Damals dachte ich: nun hat sich mein Name erfüllt - Elischeba „Gott ist Fülle“. Voller kann mein Glück nicht mehr werden.

Aber heute, am Tag der Priesterweihe meiner Männer ist mein Glück noch voller. So voll, dass ich es gar nicht mehr fassen kann. Das habe ich mir gewünscht. Nichts habe ich mir sehnlicher gewünscht als das. Meine Männer dienen Gott! Gott kann sie brauchen. Gott hat sie berufen und setzt sie ein in ihr Amt. Heute lachte ich nicht vor Freude. Heute liefen mir vor Freude Tränen über die Wangen. Mein Blick begegnete den Augen meines Mannes. Auch in ihnen standen Tränen. Ganz leise lächelten wir uns zu.

Sieben Tage lang dauerten die Opfer nach der Priesterweihe. Sieben Tage lang sah ich meinen Mann und meine Söhne nur kurz von weiten. Sie verbrachten die ganze Zeit im heiligen Zelt. Aber ich fühlte mich nicht alleine. Die Freude erfüllte mich. Mit meinen Gedanken war ich bei ihnen. Nach diesen sieben Tagen, nachdem mein Mann vom Brandopferaltar herabgestiegen war und mit Mose zusammen das Volk gesegnet hatte, erschien der Herr in seiner Herrlichkeit dem ganzen Volk. Feuer ging von ihm aus und verzehrte das Opfer auf dem Altar. Das ganze Volk jubelte und warf sich voller Ehrfurcht zu Boden.

Auch ich warf mich zu Boden. Aber nicht aus Ehrfurcht vor Gott, sondern aus Furcht um meine Söhne. Erst in diesem Moment war mir bewusst geworden, was es heisst, Gott zu dienen. Bis jetzt hatte ich das als grosse Ehre angesehen. Nun erkannte ich, dass dieser Job lebensgefährlich war. Gott war nicht nur die

Fülle an Freude und Glück. Gott war auch die Fülle an Macht. Ein verzehrendes Feuer. Zum ersten Mal zwang mich Gott, ihn anzuschauen. Bis jetzt hatte mein Blick immer auf meinem Mann und meinen Söhnen geruht. Nun riss Gott meinen Blick an sich.

Ich sah Gott. Aber ich sah meine Kinder nicht mehr. Zwei meiner Söhne waren tot. Verbrannt. Mitten im Heiligtum. Sie hatten Gott opfern wollen. Ohne seine Erlaubnis. Das Feuer verzehrte sie.

Bis heute fasse ich es nicht. Diese Fülle von Leid und Schmerz. Trauer erfüllt mich bis obenhin. Bis heute fliessen meine Tränen.

Aber bis heute sind es die Worte, die Gott meinem Mann schenkt, die mich Momente lang trösten. Elischeba, sagt er zu mir. Gott ist die Fülle. Gott hat unbegrenzte Möglichkeiten. Der Tod unserer Söhne war eine davon. Er hat sie gewählt. Sie sind in seiner Gegenwart gestorben. Sie sind bei ihm. Gott nimmt das Opfer deiner Tränen an. Elischeba, nimm die Fülle meiner Liebe und meines Trostes. Wir werden sehen und verstehen, wenn auch unser Leben erfüllt ist und auch wir ganz bei Gott sein werden. Das ist die Fülle des Lebens. Sie ist in Gott. Nur in ihm. Elischeba.

Lots Frau

zu 1.Mose 19

Lots Frau:

Ich bin hier zu Hause. Hier wurde ich geboren. Hier bin ich aufgewachsen. Hier gehöre ich hin. Alle meine Verwandten wohnen hier in dieser Stadt. Meine Freunde und Bekannten alle leben sie hier.

Ich weiss, dass wir unsere Fehler haben. Aber so schlimm sind wir auch wieder nicht. Wir sind gesellig, lieben es zu festen und zu feiern. Wir sind wohlhabend, wissen uns gut zu kleiden und schick zu wohnen. Wir haben viel erreicht in den letzten Jahren. Die Lebensqualität in unserer Stadt ist stark gestiegen. Wir sind stolz darauf. Wir können uns mit jeder anderen Stadt in diesem Land messen.

Nein, ich wusste nicht wirklich, weshalb diese Männer wollten, dass wir unsere Stadt verlassen sollten. Mein Mann glaubte ihnen sofort. Er ging auf ihr Geheiss hin zu unseren Schwiegersöhnen und drängte sie, mit uns zusammen aufzubrechen. Ich schämte mich für ihn. Weshalb musste er so auf Panik machen. Das war einfach lächerlich.

Die beiden fremden Männer blieben über Nacht bei uns. Sie waren unsere Gäste. Am Morgen früh, als die Morgenröte kam, hetzten sie uns auf und wollten, dass wir sofort losziehen sollten. Wieder sprachen sie davon, dass die Stadt zerstört werden solle. Sie machten uns Angst, indem sie uns ankündigten, wir würden samt der ganzen Stadt untergehen, wenn wir uns nicht beeilen würden. Ich hasste sie dafür. Ich wollte nicht gehen. Wohin denn auch? Alles, was mein Leben ausmachte, war hier in dieser Stadt! Wenn diese Stadt unterginge, dann würde ich ebenfalls mit unter gehen. Nichts mehr von dem, was mich und mein

Leben ausgemacht hat, gäbe es mehr dann. Also auch mich nicht mehr. Ich wollte nicht gehen. Lot spürte meinen Widerstand, mein Zögern, meine Angst. Das verunsicherte ihn. Sollte er trotzdem gehen? Sollte er mich zwingen mit zu kommen oder sollte er mich hier in meiner Heimatstadt zurücklassen? Er überlegte fieberhaft. Kostbare Zeit verrann.

Plötzlich schien die Geduld der beiden fremden Männer zu Ende. Sie nahmen uns an den Händen, rissen uns aus dem Haus heraus, schleppten uns durch die Stadt dem Tor entgegen. Ich wehrte mich. Diesen Weg wollte ich nicht gehen. Ich wollte mein altes Leben nicht aufgeben. Ich wollte meine Beziehungen nicht loslassen. Es sind meine Freunde, die hier in der Stadt leben! Mein Gott, du kannst uns doch nicht voneinander trennen wollen? Wieso soll ich sie zurücklassen und sie dem Verderben preisgeben? Ich kann das nicht. Tränen füllten meine Augen.

Wohin führen diese Männer uns? Was für ein Leben soll das denn sein, das sie uns „schenken" wollen? Ein Leben ohne Besitz, ein Leben ohne meine Freunde, ohne meine Familie. Das ist kein Leben! Wieso soll ich loslassen und ins Nichts rennen? Ich sehe nichts vor mir. Ich weiss nur, was hinter mir liegt. Alles, was ich geliebt habe. Ausser meinem Mann und meinen Töchtern natürlich, die mit mir zusammen aus der Stadt hinaus gezerrt wurden. Aber mein Mann und meine Töchter genügen mir nicht. Ich bin es gewohnt, ein gesellschaftliches Leben zu führen. Viele Kontakte und Beziehungen zu pflegen. Nur mit meinem Mann und meinen Töchtern wäre mir das Leben viel zu langweilig. Ich kann mich nicht über sie definieren. Im Grunde genommen brauchen sie mich gar nicht.

Lot:

Ich sah, wie meine Frau zögerte und zauderte. Ich konnte mir vorstellen, wie schwer es ihr fallen musste, ihre Heimatstadt hinter sich zu lassen. Ich wollte ihr das alles nicht wegnehmen – aber ich spürte, dass es um Leben oder Tod ging.

Und ich wollte, dass meine Frau lebte. Deshalb liess ich es zu, dass die beiden Männer uns aus der Stadt hinaus zogen. Ich war froh, dass sie es taten. Ich selber hätte die Kraft dazu wohl nicht aufgebracht. Draussen vor der Stadt sagte Gott, dass wir nun laufen sollten, so schnell wir können. Nochmals betonte er, dass es um unser Leben ginge. Wir sollten auf keinen Fall stehen bleiben und nicht zurück schauen. Wir sollten uns auf das Gebirge retten, sonst wären wir verloren. Ins Gebirge?! Mir stockte der Atem. Niemals würde ich meine Frau dazu bringen, ins Gebirge zu fliehen. Sie war ein Stadtmensch. Vor der freien Natur fürchtete sie sich. Vom Gebirge erst recht. Das Gebirge war für sie der Inbegriff aller Schrecken. Nein, das konnte ich ihr nicht antun. Nicht nachdem sie sonst schon alles verloren hatte, was ihr wertvoll gewesen war. Ich bat Gott darum, dass er uns in eine kleine, nahe gelegene Stadt fliehen lasse. Und Gott willigte ein. Ich war so froh. Ich wollte meine Frau auf gar keinen Fall verlieren. Ich liebte sie so sehr. Zärtlich nahm ich sie an der Hand und eilte mit ihr zusammen los in Richtung Zoar. Unsere beiden Töchter folgten uns.

Ich merkte bald, dass alles in meiner Frau sie zurückzog. Sie wollte diesen Weg nicht gehen. Sie wollte zurück. Panik stieg in mir hoch. Gott hatte uns extra gewarnt, dass wir nicht einmal zurück sehen sollten – geschweige dann zurückgehen. Ich flehte meine Frau an, ihren Blick nach vorne zu richten. Ich versuchte ihr das Ziel vor Augen zu malen. Ich sprach mit ihr über das Leben, das wir als Familie in dieser hübschen kleinen Stadt Zoar führen würden. Ich versuchte ihre ganze Aufmerksamkeit zu fesseln – damit sie abgelenkt und nicht mehr an ihre Heimatstadt denken würde. Aber meine Bemühungen waren vergebens.

Lots Frau:

Mein Mann versuchte mit allen Mitteln, mich davon abzuhalten zurück zu schauen. Er redete unablässig mit mir – obwohl er sonst nicht der Mann der grossen Worte war. Ich war ihm dankbar für seinen Versuch. Etwas in mir wollte ihm folgen. Etwas in mir war bereit, ein neues Leben anzufangen. Etwas in mir war bereit Abschied zu nehmen. Ja, ich wollte nach vorne schauen. Ich wollte es wirklich. Ich klammerte mich an die Hand meines Mannes und flehte darum, dass es mir gelingen möge, mich auf diesem Weg weiter führen zu lassen. Aber da war auch eine Stimme in mir, die wollte nicht gehen. Eine Stimme voll Sehnsucht, die sich wieder zurück wünschte. Warum konnte es nicht so sein wie früher? Wieso konnte nicht alles wieder gut sein? Wieso durfte ich nicht in der Sicherheit meiner Stadt und meiner Beziehungen bleiben? Wieso musste Gott das alles zerstören? Diese Stimme in mir wurde immer lauter. Sie begann die liebevollen Worte meines Mannes zu übertönen. Ich wollte nicht loslassen. Ich konnte es einfach nicht. Nur ein Blick zurück! Wenn die Stadt nicht vernichtet würde, dann könnte ich dorthin zurückkehren! Ich musste wissen, was mit meiner Stadt geschah.

In diesem Augenblick krachte und donnerte es hinter uns. Es wurde glühend heiss und Schwefel stockte meinen Atem. Hatte Gott es tatsächlich getan? Hatte er alles zerstört, was mir lieb und wert gewesen war? Das konnte doch nicht sein! Was war das denn für ein Gott?! Ich musste es sehen. Ich musste es sehen, ob es wirklich stimmte. War alles kaputt? Gab es keine Chance mehr? War das das Ende?

Ich drehte mich um. Um erstarrte.

Nie mehr konnte ich mich aus dieser Erstarrung lösen. Ich erstarrte für immer. Ich starrte auf das Furchtbare und Entsetzliche. Ich starrte auf alles, was ich verloren hatte. Ich starrte auf das, was hätte sein können und nie mehr werden würde. Ich starrte auf mein altes Leben, auf meine alten Beziehungen, die es nicht mehr gab. Ich starrte und starrte.

Ich konnte nicht mehr weiter. Ich konnte mich nicht mehr auf ein neues Leben einlassen. Die liebevolle Stimme meines Mannes erreichte mich nicht mehr. Ich verlor in diesem Moment auch alles, was noch hätte sein können. Ich konnte meinen Blick nicht mehr nach vorne richten. Nie mehr.

Ich starb in diesem Moment, als ich es nicht lassen konnte, zurückzuschauen. Ich starb vor Traurigkeit, Entsetzen, Trostlosigkeit und Hoffnungslosigkeit. Ich habe Zoar nie gesehen. Ich habe meinen Mann und meine Töchter aus den Augen verloren.

Dabei hätten sie mich gebraucht, meine zwei Mädchen. Aber das habe ich in diesem Moment nicht gewusst. Ich wusste nicht, wie sehr mich meine Familie gebraucht hätte. Ich wusste nicht, wie sehr ich ihnen fehlen würde und wie sie ohne meine Hilfe in die Irre gehen würden. Hätte ich es doch gewusst! Vielleicht hätte ich es dann geschafft loszulassen und vorwärts zu gehen?! Nun ist es zu spät. Für immer.

Aber nicht für dich. Noch kannst du vorwärts gehen. Noch kannst du vorwärts schauen. Tue es – auch für mich. Meine Salzsäule soll dir ein Wegweiser sein. Ein Wegweiser ins Leben. Dann lebt ein Stück vor mir weiter in dir. Ich will, dass du es schaffst. Schau vorwärts. Dann wirst du leben. Dann wird durch dich auch meine Geschichte noch eine Geschichte zum Leben.

Deborah

zu Richter 4

Es war heiss. Die Welt glich einem glühenden Ofen. Alles versengte unter dieser über grossen, erdrückenden Mittagshitze. Jeder Mensch hatte sich verkrochen. Jeder in seinen Schatten.

Deborah sass unter der Palme. Unter ihrer Palme. Das war ihr Schatten. Auch wenn es in diesen Mittagstunden nur ein schmaler Streifen von Schatten war. Niemand machte ihn ihr streitig. Das war Deborahs Palme. Das wusste jeder.

Am Abend wenn die Schatten länger wurden, würden sie wieder kommen. All die vielen Menschen, die in Deborahs Schatten Rat und Zuflucht suchten.

Aber die Mittagsstunden gehörten ihr allein. Deborah liebte diese Stunden. Müde legte sie den Kopf an ihre Palme. So viele Gespräche hatte sie heute schon geführt. Es nahm nie ein Ende. Das wusste sie längst. Die Menschen lechzten nach Weisung, nach ihrem Urteil. Die Menschen brauchten sie. Was sie brauchte, war nicht wichtig. Es zählte nur, was sie geben konnte. Aber ob sie so leben konnte? Überleben vielleicht...

Nie sah sie das klarer als wenn die Sonne das Licht flimmern liess. Wenn diese gleissende Helle die Augen zwang, sich zu schliessen und sich Bilder auf die Innenseite ihrer gechlossenen Lider malten. Dann träumte sie von dem Leben da draussen im Licht. Sie sah, wie sie aufstand und aus ihrem eigenen Schatten trat...

Immer in diesem Moment öffneten sich ihre Augen und sie fand sich im Schatten ihrer Palme wieder. Diese Palme gehörte zu ihr. Hier wollten die Leute sie sehen. Sie hatte kein Recht zu gehen. Niemand würde das verstehen. Jeder würde es ihr übel nehmen. Deborah war die Prophetin. Daran kam auch sie nicht vorbei. Dieses Amt war das Licht, das sie ausstrahlte und der Schatten in dem sie sass. Niemand war da, dieses Amt mit ihr zu teilen. Sein Amt hat jeder alleine zu tragen. Das glaubte sie.

Bis an den Tag, als Gott ihr die Aufgabe gab, den Barak mit seinem Amt zu betrauen. Barak sollte in den Krieg ziehen. Er sollte die ganze Armee führen. Alleine.

Barak stand vor ihr, im Schatten ihrer Palme. Für einen kurzen Moment teilten sie diesen Schatten. Für einen kurzen Moment waren sie nicht alleine. Barak sah die Palme, den Schatten, die Frau. Er ahnte ihre Einsamkeit. Er wusste, wie alleine er war. Ihr Amt trennte sie. Deborah war die Prophetin. Barak der Heerführer.

Da tat dieser Mann den Schritt in das Licht. Er kniete sich nieder. Er bat um Hilfe. Und das war das Zauberwort, das Deborah aus ihrem Schatten befreite. Hier war jemand, der darum bat, dass sie sein Amt mit ihm teile. Nicht jeder musste sein Amt selber tragen. Plötzlich sah Deborah. Sie sah, wie sie aufstand und aus ihrem eigenen Schatten trat. Nicht im Traum. Sie liess ihren Schatten hinter sich. Sie trat hinaus ins Licht. Mit Barak zusammen. Gemeinsam würden sie kämpfen. Die Ehre würde nicht ihre sein. Das wusste sie. Der Schatten einer anderer würde auf sie fallen. Aber der Sieg wird ihr Sieg sein. Ihr gemeinsamer Sieg. Niemand muss alleine kämpfen.

Jael

zu Richter 4,17ff

Jael:

Noch heute kann ich nicht schlafen, wenn ich an diesen Tag zurück denke. Der schrecklichste Tag in meinem Leben. Das Entsetzen darüber hämmert noch immer in meinem Kopf.

Ich habe einen Mann erschlagen. Ich bin schuldig.

Ich weiss nicht, weshalb ich getan habe, was ich tat. Ich hatte den Eindruck, ich müsste es tun. Weshalb? Weshalb nur? Wem wollte ich diesen Pflock denn eigentlich in den Kopf stossen? Meinem Mann? Ich verurteilte seine Politik. Er hatte sich mit dem Kanaaniter von Hazor verbündet. Er, ein Keniter! Wusste er denn nicht mehr, dass wir mit der Sippe des Mose verwandt waren? Hatte er denn allen Familiensinn verloren? Warum verbündete er sich mit denen, die unsere Feinde sein sollten? Weil er ans Geschäft dachte. Immer kam das Geld vor den Beziehungen. Er wollte wohl nicht riskieren aus der Sinai Gegend vertrieben zu werden. Er brauchte die reichen Kupfervorkommen. Er war ein Metallschmied mit Leib und Seele. Für diesen Beruf verkaufte er sich. Kann denn eine Berufung so viel kosten? Das eigene Leben? Die eigene Familie? Das Ansehen der eigenen Frau? Ich verachtete meinen Mann für seine falschen Bündnisse. Noch mehr verachtete ich ihn dafür, dass er die wahren Werte nicht zu kennen schien. Den Wert verwandtschaftlicher Beziehungen nicht. Meinen Wert nicht. Was wusste Heber denn schon von seiner Frau? Wollte ich meinen Mann festnageln, indem ich Sisera diesen Pflock durch die Schläfen stiess? Wollte ich ihm zeigen, dass er im Unrecht ist? Wollte ich Nägel mit Köpfen machen und ihm beweisen, dass auch eine Frau das Rad der Geschichte lenken kann? Wollte ich der stillen, duldenden Jael den Kopf einschlagen? Wollte ich durchstossen zu der Jael, die ich wirklich bin? Aber was ist das für eine Jael? Heute weiss ich das weniger denn je. Eine Jael, die nicht leben kann, mit dem, was sie getan hat. Eine Jael, die sich selber nicht mehr trauen kann. Geschweige dann irgendjemandem sonst. Wenn ich zu so was fähig bin, dann ist jeder zu allem fähig.

Niemand scheint das zu sehen. Sie lassen meine Tat nicht an sich heran.

Deborah jubelt meine Tat als Heldentat hoch. Ich kann nicht einstimmen in ihr Siegeslied. Ich habe den Mann schreien gehört. Ich sah, wie er verblutete. Wie das Leben aus ihm herausfloss; und mein Leben mit ihm. Ich habe noch immer Angst vor mir selber. Ich kann mir nicht vergeben. Ich habe Deborah das alles zu erklären versucht. Aber sie versteht mich nicht. Sie weiss nicht, wovon ich rede. Alles, was ich erzähle, scheint auf steinigen Boden zu fallen. Keine vorbereitete Erde, die bereit wäre, meine Worte und Erfahrungen aufzunehmen. Deborah hat nicht erlebt, was ich durchgemacht habe. Sie lässt sich blenden von meinem Handeln. Sie will ihre Heldin. Sie will eine mutige Tat. Sie will mich nicht verstehen. Die Jael bin ich nicht.

Auch nicht die Jael, die mein Mann in mir sieht. Er hat meine Tat missbilligt. Er war wütend auf mich, weil er dachte, dass ich ihm ein Geschäft vermiest hätte. Als er aber realisierte, dass ich durch die Ermordung Siseras eine politische Wende eingeleitet hatte und wir dank meinem Eingreifen auf der Seite der Sieger standen, da sah er in mir plötzlich eine ganz andere Jael. Er war stolz auf mich. Fasziniert von meiner Tat. Er beschenkte mich mit Schmuck und hüllte mich in teure Stoffe. Er schlief mit mir – und ich wusste nicht, was das für eine Frau war, die da in seinen Armen lag. Nicht die Jael, die ich dachte, würde ich sein, wenn ich mich auf mein eigenes Urteil verliesse. Mein Urteil hatte mich betrogen. Auf das Urteil der anderen konnte ich mich nicht verlassen.

Ich habe nur noch einen Richter, an den ich mich halten kann: Der Gott dieses Volkes, dessen Feind ich vernichtet habe. Wird er mich frei sprechen? Wird er die Schuld von mir nehmen? Wird er mir zeigen, wer Jael ist? Ich will keinen Namen, der mit Blut befleckt ist!

Gott:

Jael – ich werde deinen Namen rein waschen durch das Blut des Lammes. Du wirst in feinem, strahlend weissem Leinen vor mir stehen. Die Jael, der vergeben ist. Die Jael, die aus der Vergebung lebt. Die Jael, die auch anderen vergeben kann. Selbst dann, wenn sie sie nicht verstehen. Die Jael, die sagen kann:

Heber, Debroah, ich vergebe euch. Ich vergebe euch, dass ihr mich nicht verstehen wolltet und konntet. Ich vergebe mir, dass ich mich selber nicht verstanden habe. Ich bin nicht abhängig von meinem Urteil und nicht von eurem. Gott urteilt über mich. Und nur sein Urteil zählt. Das weiss ich jetzt. Diesem Urteil unterstelle ich mich. Möge mein Richter gnädig sein.

Königin von Saba

zu 1. Könige 10,1-10 / 2. Chronik 9,1-9

Ich will dich. Ich will keinen anderen ausser dich. Ich werde alles dafür tun, dich zu bekommen. Ich mache mich auf den Weg, lasse alles zurück, um dir zu begegnen. Du und ich, wir gehören zusammen.

Der Weg war lang. Die Reise hart und beschwerlich. Ich bin nicht mehr dieselbe, wie damals, als ich aufbrach zu dir. Erst unterwegs wurde mir bewusst, was ich alles aufgegeben hatte, um zu dir zu kommen. Ich habe mein Reich im Stich gelassen. Ich habe alle meine Verwandten, Bekannten und Freunde zurück gelassen. Ich erfülle meine Aufgaben nicht mehr. Ich lebe nicht mehr in meiner Berufung.

Heute verstehe ich, dass das keine Möglichkeit war. Damals dachte ich noch, alles sei möglich.

Ich versuchte bei dir zu leben. Dein Leben mit dir zu teilen. In deinem Reich. Ich verlor mich dabei. Immer weniger wusste ich, wer ich eigentlich war. Die Königin von Saba ist nicht mehr, wenn sie nicht mehr in Saba ist. Ich wurde zur Hure. Verkaufte mich an dich. Ich bestaunte dich und hatte immer weniger ein Bild von dem, wer ich war.

Bis zu dem Tag, als ich erkannte, dass es Gott war, der dir die Herrschaft über Israel gegeben hat. Da gab es einen, der höher war als du. Jemand, der über dir stand. Jemand, der erwählte und berief. Dich zum König über Israel. Mich zur Königin von Saba. Von Urbeginn an hatte er uns dazu bestimmt, in unseren Reichen dem Recht zum Sieg zu verhelfen. Unsere Berufung trennte uns. Und doch verband sie uns auch. Waren wir nicht beide Könige?

Als ich vor dir stand und dieses neue Wissen in meinen Augen leuchtete; als ich dir wünschte, du mögest als ein gerechter König regieren – da sah ich endlich in deinen Augen, wonach ich schon die ganze Zeit gesucht hatte: Liebe, Achtung, Respekt.

Salomo erhob sich von seinem Thron und kam auf mich zu. Er nahm mich in die Arme und küsste mich auf die Stirn. Ja, sagte er. Mögest auch du als gerechte Königin regieren. Wir beide haben eine grosse Aufgabe. Danke, dass du gekommen bist. Nicht um hier zu bleiben. Aber um mir zu zeigen, dass ich nicht alleine bin. Dass es dich gibt. Dass du genauso wie ich, versuchst deiner Berufung treu zu bleiben. Nimm meine Schätze mit in dein Reich. Vergiss nie, dass wir zusammen gehören. Dass es derselbe Gott ist, der mich und dich zu Königen gemacht hat. Geh zurück in dein Reich. Sei die Königin, zu der du berufen bist. Vergiss mich nicht.

Ich bin zurückgekehrt. Ich habe dich nie vergessen. Mein ganzes Leben lang nicht. Noch heute sehe ich dich in deiner ganzen Pracht vor mir. Ich hätte sie nicht mehr gesehen, wenn ich geblieben wäre, wenn ich eine von deinen vielen Frauen geworden wäre. Nun werde ich immer die eine Frau bleiben. Die die deine Berufung teilt, weil sie an ihrer Berufung festhält. Wir beide sind eins in unserem Dienst. Wir sind beide Könige. Einsam in unserer Verantwortung. Aber nicht alleine, weil wir einander kennen. Weil es derselbe Gott ist, der uns erwählt hat.

Ich liebe dich. Ich habe dich immer geliebt. Und ich werde dich immer lieben. Mit der Liebe, die dich sein lässt, wer du bist; mit einer Liebe, die ihrer Berufung treu bleibt. Mit der Liebe einer Königin.

Die Frau von Potifar

zu 1.Mose 39,6-19

Sie lag in ihrem Bett – krank vor Liebe, verzehrt werdend von ihren Begierden, Lüsten und Leidenschaften. Dieser Jüngling im Haus, im Zimmer nebenan; sie hörte ihn atmen, ganz nah, nur durch eine Wand von ihr getrennt. Sie kämpfte an gegen all ihre Gefühle, bäumte sich auf gegen die Leidenschaften und wurde sogleich wieder mit hinuntergerissen in die tiefen Wogen der Lust. Dieser Kampf verzehrte ihre Kräfte. Tränen, Entmutigung, bitter süsse Versuchung. Sie wusste, sie würde sich verbrennen und dennoch konnte sie nicht anders – wie eine Fliege, die in den Flammen versengt, näherte sie sich der Gefahr. Sie wusste, dass sie sich lächerlich machen würde. Sie war nicht so verführerisch und siegessicher, wie Generation um Generation sie schimpfen würde. Sie war nicht die femme fatale, von sich selbst überzeugt, ihrer eigenen Schönheit gewiss. Sie war schlicht und einfach eine Frau, die von ihren Gefühlen überwältig wurde, die ihren Gefühlen nachgab, die Grenzen überschritt. Sie durfte nicht, was sie tat. Sie wusste es und tat es trotzdem. Die Fliege, die im Feuer versengt. Sich vor Jahrtausenden von Menschen lächerlich machend. Niemand würde ihre Schuld jemals auslöschen. Sie würde erneuert über die Zeiten hinweg. Abertausende von Jahren später noch würden die Menschen mit dem Finger auf sie zeigen und sie verklagen. Kein Trost. Nicht mal den Trost, etwas genossen zu haben. Joseph floh vor ihr. Liess sie nackt zurück. Sie schlug zurück mit dem letzten Rest an Macht, der ihr geblieben war. Er wurde entlassen, ins Gefängnis geworfen. Letzter Versuch, sich zu wehren, sich zu verteidigen, sich noch einmal ein bisschen stark zu fühlen. Sie weinte dabei. Sie hatte verloren. Alles. Eine Sekunde, in der sie sich von der Versuchung überwältigen liess, besiegelte ihr Schicksal. Keine Begnadigung für sie.

Sie musste den Weg bis ans Ende gehen. Über Jahrhunderte hinweg. Leidensweg, Spott, Verachtung, Tod. Unerbittlich.

Erst dort im Tod, am Kreuz tat sich eine neue Zukunft auf. Dort wo dieser andere junge Mann die Schuld auf sich nahm. Obwohl er unschuldig war. Erst dort, wo einer sich an ihrer Stelle kreuzigen liess. Dort wurde plötzlich alles in ein anderes Licht gerückt. Hier war sie nicht mehr die Frau, die sich Liebe stehlen wollte. Nicht mehr die Frau, die sich lächerlich machte. Nicht mehr die Frau, die Schuld auf sich lud. Sondern die Frau, der vergeben wurde. Die Frau, der die Liebe geschenkt wurde. Die Geliebte. Endlich die Geliebte.

Abigail

zu 1.Samuel 25

Ich habe meinen Mann geliebt. Vielleicht war das meine Torheit. Aber ich habe ihn geliebt. Ich habe Nabal schon immer gekannt. Schon als ich ein kleines Mädchen war und er ein junger Mann. Unsere Väter kannten sich. Mein Vater besuchte Nabals Vater oft. Die beiden sassen dann lange beieinander und redeten und plauderten und diskutierten Stunden lang. Ich durfte meinen Vater meistens zu diesen Besuchen begleiten. Nabal war wie ein grosser Bruder für mich. Er wusste, dass mich die ellenlangen Gespräche unserer Väter nicht gross interessierten. Ich war noch zu klein, um zu verstehen, worüber sie redeten. Nabal zwinkerte mir dann jeweils zu und fragte mich, ob ich nicht mit ihm spielen kommen wolle. Er hatte eine Schwäche für mich. Sonst war er ein ruppiger Junge. Aber mit mir konnte er in aller Eintracht spielen. Er dachte sich extra für mich Spiele aus, von denen er annahm, dass sie mir gefallen könnten. Er baute mir aus allem, was wir finden konnten, ein eigenes kleines Häuschen. Er bastelte mir kleine Püppchen. Er lehrte mich Geschicklichkeitsspiele. Ich liebte diese Stunden mit ihm zusammen. Er war so voll Geduld mit mir; so voll Frohsinn und Feinfühligkeit.

Daher erschreckte es mich immer wieder, wenn ich ihn mit anderen reden und umgehen sah. Da war er wie ein anderer Mensch. Er konnte so hart sein. Niemand getraute sich in seiner Nähe auch nur den Mund aufzutun. Er war der Sohn des Hausherrn und er forderte, dass jeder sich vor ihm duckte. Er konnte Leute sogar schlagen, wenn sie seine Befehle zu wenig schnell ausführten. Ich zuckte jedes Mal zusammen, wenn ich eine solche Szene beobachtete. Wo war plötzlich mein Nabal geblieben? Dieser skrupellose, junge Mann, der seine Sklaven schlug und misshandelte, kannte ich nicht. Mich behandelte er beinahe wie eine kleine Prinzessin; so voll Vorsicht und Achtsamkeit, als wenn ich aus Glas gemacht wäre.

Als ich ein bisschen grösser war, wagte ich bei einem der Besuche Nabal zu fragen, weshalb er die Dienstleute so schlecht behandle. Von keinem anderen hätte sich Nabal eine solche Frage gefallen lassen. Andere hätten ihr Todesurteil mit einer solchen Frage besiegelt. Mich schaute Nabal nur mit einem beinahe traurigen Blick an und antwortete mir: „Weil ich es muss." „Weshalb musst du sie schlagen?", fragte ich ihn mit von Schrecken und Unverständnis weit geöffneten Augen. Er zog mich sanft neben sich. Wir sassen zusammen auf einem Stein, von dem aus man die Ebene weit überblicken konnte. Er versuchte mir zu erklären, wovon er überzeugt war: „Ich bin der Sohn des Hausherren. Ich bin der Erbe meines Vaters. Ich werde einmal über dieses ganze Haus herrschen. Ich bin dafür verantwortlich, dass dieses Haus Bestand hat. Ich werde dafür sorgen müssen, dass wir genügend Geld und Reichtum und Macht haben werden, damit unser Haus seine Stellung nicht verliert. Mein Vater erwartete von mir, dass ich ein würdiger Nachfolger werde. Er ist hart und unnachsichtig mit mir, weil er mich liebt und mich zu dem Mann erziehen will, zu dem mich Gott berufen hat. Ich verdanke meinem Vater alles. Ich will, dass er stolz auf mich sein kann. Jeder soll vor mir Achtung haben, damit mein Vater sieht, dass sein Vertrauen auf mich belohnt wird."

Ich wusste, dass es stimmte, was er mir erzählte. Wie oft hatte ich ihn beobachtet, wenn er seinem Vater gegenüber trat. Mit wie viel Hochachtung und Respekt er ihm begegnete. Er musste ihn sehr lieben.

Erst ein paar Jahre später erfuhr ich dann, weshalb mich mein Vater so oft bei den Besuchen in Nabals Vaterhaus dabei haben wollte. Mit einem Mal verstand ich auch, weshalb uns die Väter so viel Freiheit gelassen hatten und wir als Kinder miteinander spielen durften. Bei den Besuchen ging es meistens um mich. Nablas Vater und mein Vater verhandelten um meinen Brautpreis. Sie redeten darüber, welche Vorteile die Verbindung unserer beiden Häuser haben konnte. Mein Vater hatte zum Teil andere politische Ansichten als Nabals Vater. Daher waren die Gespräche oft brisant und es war durchaus nicht immer sicher, ob die Hochzeit jemals zustande kommen würde. Mein Vater hatte auch andere Ansichten bezüglich des Umgangs mit Macht. Er verurteile die harte Haltung, die Nabals Vater seinem Sohn gegenüber und auch allen seinen Leuten gegenüber einnahm. Er fand, dass er damit nur Angst schüre und nicht Liebe und Anhänglichkeit. Die Leute würden ihm nur gehorchen, weil sie ihn fürchteten. Auch wenn ich innerlich ähnlich dachte wie mein Vater, so wusste ich doch, dass das zumindest für Nabal nicht galt. Nabal fürchtete seinen Vater – aber er liebte ihn auch. Er hätte alles für seinen Vater getan. Sein Vater hatte ihn gelehrt, was seine Stellung und Aufgabe in der Welt sei und er vertraute ihm blind. Er war nicht skrupellos in seinem innersten Wesen. Aber nur mir gegenüber wagte er es, sein eigentliches Ich zu offenbaren. Nur ich wusste von seiner tiefen Liebe zu seinem Vater. Nur ich wusste, dass er sich nichts sehnlicher wünschte, als einen liebevollen, oder zumindest einen anerkennenden Blick von seinem Vater geschenkt zu bekommen. Nabal bekam so wenig Liebe geschenkt. Er tat mir leid. Mein Vater überhäufte mich geradezu mit Liebe und Zärtlichkeit und Gosszügigkeit. Ich fühlte mich so satt und zufrieden. Nabal schien mir immer zu hungern. Mit etwa zwölf Jahren machte ich einen Schwur in meinem Herzen: Ich versprach hoch und heilig, dass ich alles dafür tun wollte, dass Nabal wenigstens durch mich etwas Liebe erfahren sollte. Ich wollte ihm so viel Liebe geben, wie ich konnte. Das hatte ich mir geschworen. Und ich habe diesen Schwur mein Leben lang nicht gebrochen.

Ich wusste, dass meine Liebe niemals die Liebe seines Vaters würde ersetzten können. Ich wusste, dass Nabal sich noch mehr als meine Liebe diejenige seines Vaters ersehnte. Ich wusste daher schon immer, dass meine Aufgabe eine undankbare bleiben würde. Aber ich liebte Nabal wirklich. Ich war bereit, diesen Weg zu gehen im vollen Wissen darum, dass es nie genügen würde, was ich für ihn tun würde.

Ich heiratete Nabal, als ich 16 war. Die Leute sagten, ich sei eine Schönheit. Ich weiss nicht, ob das stimmt, aber ich denke, dass meine Liebe zu Nabal für die Leute sichtbar war. Mein ganzes Wesen strahlte diese Liebe aus. Ich versuchte alles für Nabal zu tun – damit er diese Liebe auch erfahren konnte. Ich versuchte auch die Leute unseres Hauses für Nabal zu gewinnen. Ich behandelte Nabal mit so viel Hochachtung, dass es den Leuten schwer viel, daneben schlecht über Nabal zu reden.

Die Lästereien über den Hausherrn verstummten mit der Zeit. Abigail war so freundlich und hilfsbereit jedem aus dem Hause Nabals gegenüber, dass es niemanden gab, der sie nicht bewundert und geliebt hätte. Um ihretwillen brachten die Leute auch Nabal mehr Respekt entgegen. Zu lieben lernten sie ihn aber nie. Denn er blieb seinen Leuten gegenüber der harte, unnachsichtige Dienstherr. Er kannte keine Gnade und kein Erbarmen. Nur knallharte Gerechtigkeit. Er urteilte schnell und streng. Nie nahm er einen Urteilsspruch zurück. Zudem litten die Leute unter seinem Geiz und seiner Habgier. Nabal war überzeugt davon, dass er es seinem Vater schuldig sei, den Reichtum seines Hauses zu mehren. Und das tat er. Auch auf kosten seiner Leute, die er knapp hielt und die unter seiner Herrschaft wahrlich nicht verwöhnt wurden. Nabal zählte jedes Geldstück zwei Mal. Obwohl er inzwischen reich war und ohne grosse Verluste hätte grosszügiger sein können, wurde er immer nur noch raffgieriger. Er konnte nicht genug Geld zusammenhäufen. Sein Besitz vergrösserte sich immer mehr. Kein anderer im Land besass mehr als Nabal. 3000 Schafe und 1000 Ziegen. Die Herden Nabals waren riesig.

All das half ihm nichts. Nichts konnte die Liebe seines Vaters ersetzten; und von diesem hörte er bis zu dessen Tod nicht ein einziges Wort des Lobes. Ich kannte diese Traurigkeit und diesen sehnsuchtsvollen Blick Nabals. Sobald wir alleine waren, viel seine strenge Maske ab und ich sah in seinen Augen all den Schmerz über die Zurückweisung seines Vaters. Wie oft schlief Nabal an meiner Brust ein wie ein kleiner Junge, der Trost suchte. Es war daher auch nicht verwunderlich, dass Nabal diese Unmässigkeit entwickelte. Er begann zu essen, zu trinken, zu schlemmen. Er versuchte sich mit all dem zu sättigen, das er sich mit Geld kaufen konnte. Aber nie wurde er satt. Denn er hungerte nach etwas ganz anderem. Mein Mitgefühl mit ihm wuchs weiter in all den Jahren. Ich kannte ihn so gut; und ich verstand ihn. Natürlich machte es mich traurig, dass ich ihm nicht das geben konnte, was er gebraucht hätte. Aber umso mehr gab ich ihm wenigstens das, was ich hatte: meine Liebe, meinen Respekt, meine Unterstützung, meine Hilfe.

So auch an jenem Tag.

Schon länger weilten Hirten Davids in unserer Gegend. David war eine äusserst umstrittene Gestalt. Es gab Männer, die redeten von ihm als dem zukünftigen König von Israel. Er hatte für den israelitischen König Saul viele Schlachten angeführt und grosse Siege errungen – bevor sich die beiden entzweit hatten. Auch darüber kursierten die unterschiedlichsten Gerüchte. War Saul eifersüchtig auf seinen eigenen, jungen, schönen, bei allen beliebten Heerführer? Oder war David für ihn zur Bedrohung geworden? Fürchtete Saul, dass David einen Aufstand gegen ihn anzetteln würde und ihm den Thron entreissen könnte? Niemand bei uns wusste genau, welche der Geschichten man glauben konnte und welchen nicht. Auf jeden Fall war dieser David aus Israel geflohen und scharte nun hunderte von zwielichtigen Gestalten um sich. Wir vermuteten, er mobilisiere den Widerstand gegen seinen König Saul. Viele Leute in unserer Gegend begegneten ihm mit grosser Skepsis. Gleichzeitig wagte es niemand, ihm Widerstand zu leisten. Davids Männer waren gefürchtet. Keiner unserer Nachbarn wollte einen Konflikt mit ihm riskieren. Jeder duckte sich und schaute weg, wenn die gefürchteten Horden durch sein Landstück zogen. Und jeder atmete auf, wenn David weiter gezogen war und mit ihm die Gefahr, dass das eigene Gut von seinen Männern geplündert werden könnte.

Nabal war anders. Er ärgerte sich lautstark über David. Freunde von uns versuchten ihn immer wieder zum Schweigen zu bringen. Sie erklärten ihm, wie gefährlich es sei, sich gegen David und seine Männer aufzulehnen. Nabal lachte nur über sie. Er spottete über diesen desertierten Heerführer David, der nun in der Wüste den Aufstand probte. Er verachtete ihn für seine Illoyalität seinem König gegenüber und für das Heer von Räubern und Sträflingen, das er um sich geschart hatte. Das alles lief dem Ehrgefühl Nabals zu tiefst entgegen. Dass David jung und hübsch und stark und kräftig war, das war für Nabal nur ein zusätzlicher Grund, ihn zu verabscheuen. In diesem Punkt war es seine Eifersucht, die ihn gegen David einnahm. Nabal war schlecht zu sprechen gegen diesen Emporkömmling David.

Ich war hin und her gerissen. Auch ich misstraute David. Gleichzeitig berichteten mir unsere Leute aber davon, wie Davids Männer sie mit Anstand behandelt hätten und sie von ihnen nicht beraubt worden seien. Ich wusste daher immer weniger, was ich von diesem entlaufenen Kriegshelden halten sollte. Zudem hatte ich Angst davor, dass Nabal uns mit seinen despektierlichen Reden Davids Mob auf den Hals hetzten könnte. Auch wenn ich mich selber für diese Angst verurteilte. Denn an und für sich fand ich es beeindruckend von Nabal, dass er nicht einfach kuschte vor David; sondern seinen Meinungen und

Prinzipien treu blieb. Ich befürchtete allerdings, dass er die Gefahr, die von David und seinen Männern ausging unterschätzte. So schwankte ich in meiner eigenen Position hin und her und wusste nie recht, was ich denken und von der Sache halten sollte.

Aber was ich haargenau wusste war, dass wir in höchster Gefahr waren, als ich hörte, was Nabal sich bei der Schafschur David gegenüber erlaubt hatte. Er hatte sich geweigert Davids Männer zu verpflegen. David hatte sie zu ihm gesandt, mit der Bitte um Unterstützung und mit dem Hinweis auf die Verschonung von Nabals Hirten. Es stimmte. Ich wusste es. Es entsprach den Berichten unserer Leute. David hatte keinen unserer Hirten umgebracht und er hatte niemanden beraubt. Aber Nabal wollte sich nicht erpressen lassen. Er spies die Männer Davids mit einigen harschen Worten ab. Das bedeutete Krieg. Das war mir sofort bewusst. Ich hatte Angst um meinen Mann, um unsere Leute, unseren Besitz. Nabal konnte doch nicht alles so leichtfertig aufs Spiel setzen! Ich musste handeln. Sofort. Es war keine Zeit zu verlieren.

In Windeseile liess ich Esel beladen mit allem, was ich nur finden konnte in unserem Haushalt. Nabal war noch nicht nach Hause gekommen von der Schafschur. So handelte ich nach eigenem Gutdünken. Ich hatte nur ein einziges Ziel: ich wollte unser Haus retten. Ich vermutete, David war bereits unterwegs auf unser Haus zu, um es zu plündern. Ich schickte ihm unsere Leute mit den reich beladenen Eseln entgegen. Ich selber folgte dem Zug. Ich wollte David um Erbarmen bitten.

Wie ich es mir gedacht hatte, trafen unsre Leute schon bald auf die schwer bewaffneten Männer Davids. Eine Stunde später und sie wären über unseren Besitz hergefallen. Sie hätten geraubt, gemordet, geplündert. Ich nehme an, auch keine der Frauen wäre vor diesen Männern sicher gewesen. Mir zitterten die Knie, als mir bewusst wurde, wie knapp wir einem Überfall entkommen waren.

Sobald ich David erkannte, stieg ich vom Esel und warf mich vor David nieder. Ich sagte ihm alles, wovon ich annahm, dass er es hören wollte. Ich flehte um Gnade. Bettelte um unser Leben. Ich nannte sogar meinen eigenen Mann einen Toren, in der Hoffnung, David würde sein Tun dann weniger ernst nehmen. Ich versuchte Davids Stolz zu schmeicheln, in dem ich ihm versicherte, er würde der Fürst in Israel werden; er solle der Fürst von Israel werden können frei von Anstoss, ohne dass unschuldiges Blut an seinen Händen klebe. Das war die Sprache, die David verstand. Ich wusste nicht, ob er mir glaubte. Ich hielt meinen Blick gesenkt. Aber meine Worte schmeichelten ihm.

Wir alle beobachteten diese Szene. Da kniete diese wunder schöne Frau vor unserem Herrn. Wir hörten ihre geschliffenen Worte. Wir wussten, dass unser Herr auf sie anspringen würde. Wenn er etwas nicht widerstehen konnte, dann waren das schöne, intelligente Frauen. Und diese hier hatte ohne Zweifel all das, was eine Frau brauchte, um bei unserem Herrn anzukommen. Es wunderte uns daher auch nicht, als er sie vom Boden hochzog, mit seinem Blick ihre Augen suchte, ihre Gestalt musterte – und ihre Gaben annahm. Wir verkniffen uns ein Grinsen. Ein Blick auf die reich beladenen Esel entschädigte uns für den Blutrausch, der uns entgangen war. Nun würden wir für einige Tage versorgt sein, ohne dass wir den kleinen Finger dafür hätten rühren müssen. Auch gut. Auch wenn uns wohl einiges an Freuden entgangen war.

Als David mir sagte, ich könne in Frieden in mein Haus hinauf ziehen, atmete alles in mir auf. Wir waren gerettet. Aber sobald ich meinen Esel gewendet hatte und mit dem begierigen Blick dieses Mannes im Rücken den Weg zurück ritt, sackte ich innerlich in mich zusammen. Auch wenn ich nach aussen hin meine hohe Gestalt aufrecht hielt und mir nicht den Anschein einer Blösse gab, umhüllte mich die Scham. Um welchen Preis hatte ich diesen Frieden erkauft? Ich hatte mich selbst erniedrigt. Ich hatte mich diesem Mann zu Füssen geworfen. Ich hatte mich von seinen Blicken ausziehen lassen. Ich hatte mich verkauft, meine Ehre, meine Glaubwürdigkeit. Ich hatte meinen Mann verkauft. Hatte ihn einen Toren genannt – einzig und allein in der Hoffnung, dass David ihm nicht den Kopf abschlagen würde. Keinen Augenblick habe ich überlegt, was Nabal wohl wichtiger wäre – sein Kopf oder seine Ehre und der Respekt seiner Frau. Ich wollte, dass Nabal am Leben blieb. Aber ich wollte es für mich.

Nabal war am Feiern, als ich zurückkam. Er feierte die Schafschur. Er feierte, dass er sich von Davids Männern nicht hatte erpressen lassen. Er war so glücklich, dass er seinen Prinzipien treu geblieben war. Er war so glücklich über sein Haus, über die Frau, die ihn liebte. Zum ersten Mal schien es ihn nicht mehr zu betrüben, dass sein Vater ihm die Ehre nie hatte zukommen lassen, die er sich verdient hätte. Nie habe ich Nabal so glücklich gesehen.

An diesem Abend starb ich innerlich. Ich hatte alles kaputt gemacht.

Ich erzählte Nabal erst am nächsten Morgen, was ich getan hatte. Wenigstens diesen einen Abend sollte er glücklich sein.

Nabals Herz erstarb in seinem Leib, als ich ihm alles erzählte. Er wurde wie Stein. Seine Frau hatte ihn verraten. Sie hatte hinter seinem Rücken getan, was er nicht für richtig hielt. Seine Frau, die ihm so viel bedeutete. Seine Frau, die ihm immer mit Achtung und Respekt begegnet war. Die einzige, die ihn wirklich geliebt hatte. Wenn er sich auf mich nicht mehr verlassen konnte, dann hatte er niemanden mehr. Erst in diesem Moment wurde mir bewusst, dass meine Liebe ihm wichtiger gewesen war als alles. Nicht von den Worten seines Vaters hatte er gelebt. Es war meine Liebe, die sein Herz hatte schlagen lassen. Nun war es hart. Noch zehn Tag lang lebte Nabal. Aber nichts mehr in ihm wollte weiter leben. Er starb. Er hat es nicht überlebt, dass ich mich diesem jungen Mann zu Füssen geworfen habe. Sein Leben, das ich mit meinem Tun retten wollte, verlor ich in dem Moment, als mich Davids Blicke trafen.

Nach Nabals Tod schickte David seine Männer und liess mir ausrichten, dass er mich zur Frau nehmen wolle. Ich ergab mich in mein Schicksal. Ich hoffte, dadurch wenigstens den Rest unseres Hauses vor einer Plünderung bewahren zu können.

Als David mich sah, erkannte er sofort, dass ich nicht mehr die Frau war, der er vor wenigen Tagen in die Augen geschaut hatte. Ich konnte mein Antlitz nicht mehr erheben. Nicht um in die Augen des Mannes zu schauen, dem ich meine Liebe geopfert hatte. Ich blieb die Frau Nabals. Ich habe meinen Schwur nicht gebrochen. Ich liebte meinen Mann mein Leben lang.

David nahm sich neben mir eine andere Frau. Er wusste, dass er mich nie bekommen würde. Er wusste, dass ich Nabals Frau war und dass ich daran nie etwas ändern würde.

Unter allen Frauen Davids blieb ich Nabals Frau. Niemand sprach jemals anders von mir als von Nabals Frau. Am Anfang tat es noch weh, seinen Namen immer wieder zu hören. Aber mit der Zeit konnte ich lächeln. Es erfüllte mich mit Stolz, dass Nabals Name weiter lebte. Ich erinnerte mich daran, wie ich mir als kleines Mädchen geschworen hatte, diesen Mann zu lieben. An dieser Liebe hielt ich fest. Diese Liebe hatte Gott in mich gelegt. Sie verband mich mit dem Himmel. Sie half mir weiter zu leben.

Hagar

zu 1. Mose 16

Unruhig wälzt sie sich im Bett hin und her. Ihre Träume waren schon immer grösser gewesen als sie selber. Sie wusste wer sie war. Eine Sklavin; nichts sonst. Aber schon als kleines Mädchen träumte sie davon, dass sie es dieser Welt einmal zeigen würde. Sie würde ihnen allen beweisen, dass sie auch etwas wert war. Bis zu diesem Tag waren diese Träume immer gross und süss. Aber heute Nacht war es etwas anderes. Der grosse Traum rückte in greifbare Nähe. Vielleicht würde sie tatsächlich die Möglichkeit bekommen, es allen heimzuzahlen. Sie hatte am Nachmittag ein Gespräch belauscht. Ein ungeheuerliches Gespräch. Ihre Herrin Sarai, wollte Herrin über das Leben spielen. Sie wollte sich nicht damit abfinden, dass sie keine Kinder bekam. Sarai liess sich nichts sagen. Niemals. Auch nicht, dass sie unfruchtbar sein soll. Also hatte sie sich einen Plan ausgeheckt. Und sie – Hagar – sollte Teil dieses Plans sein. Durch sie wollte sich Sarai ein Kind beschaffen. Sie – Hagar – würde ein Kind bekommen. Von Abraham! Dem Stammvater, dem höchsten Mann im ganzen Lager! Das war ihre grosse Chance! Endlich würde sie nicht mehr einfach nur ein Stück Dreck sein, von niemandem beachtet, bloss dazu da, die anderen zu bewirten und zu bedienen. Diese Zeiten würden dann endgültig zu Ende sein. Sie würde ein Kind bekommen. Ein Herrscher-Kind. Der Erbe, der Nachfolger. Ihr Kind würde es bis an die Spitze dieses Stammes schaffen. Und sie – Hagar – würde die Mutter sein, von allen geachtet und geehrt. Kein Wunder liessen ihre Träume Hager in dieser Nacht nicht schlafen.

Am nächsten Morgen war es so weit. Es geschah genauso, wie sie es sich vorgestellt hatte. Sie wurde zum Zelt des Führers gerufen. Abraham und Sarai sassen dort, reich geschmückt. Sarai mit Armreifen, Stirnband, eingehüllt in ein traumhaftes Kleid. Eine Welt für sich. Meilenweit über all dem, was Hagar jemals als für sich erreichbar angesehen hatte. Aber nun wusste sie es – sie konnte es erreichen! Nur eine Nacht war sie davon entfernt! Sie würde sich von Abraham schwängern lassen – und dann wäre sie eine von ihnen!

Den ganzen Nachmittag bereitete sie sich vor auf diesen Abend. Lange überlegte sie, welches Kleid sie anziehen soll. Sie wusch sich, schminkte sich. Sie hatte keine Dienerin, die das alles für sie tat. Sie würde sich selber helfen. Sie wusste all die Tricks. Wie oft hatte sie Sarai vorbereiten müssen für eine Nacht mit ihrem Mann. Sie würde sie übertreffen! Sie wusste genau wie. Und tatsächlich sah sie bezaubernd aus, als sie im kühlen Abendwind vor das Zelt Abrahams trat. Ein feiner, leichter Stoff umhüllte sie, enthüllte ihre weiblichen Formen. Ihre Augen hatte sie tief schwarz gefärbt.

Abraham schaute sie überrascht an. Niemals zuvor schien er sie auch nur bemerkt zu haben. Nun schaute er sie an – und sie fühlte es: er begehrte sie. Das würde nicht nur eine Pflichtübung werden. Sie würde Abraham für sich gewinnen. Sarai hatte verspielt. Nun war ihre – Hagars – Zeit gekommen.

Sie trat sanft an Abraham heran. Liess sich von ihm in das Zelt führen. Sie streckte ihre Hand aus, fuhr damit zärtlich aber bestimmt unter den Stoff von Abrahams Umhang, begann zuerst seine Brust zu reiben und massieren und fuhr dann mit ihrer Hand weiter hinunter. Abraham stöhnte. Sie wusste genau, dass er so etwas noch nie erlebt hatte. Er gab sich ihren Händen völlig hin. Nun zog sie seine Kleider langsam von seinen Schultern. Und er stand vor ihr. Sie drückte ihn sanft auf die Kissen. Er liess alles willig mit sich geschehen. Sie lächelte triumphierend. Nur zu genau wusste sie, dass Sarai wirklich verspielt hatte. Wie oft hatte sie zuhören müssen, wie Abraham sie genommen habe. Sarai schien nur sehr wenig zu wissen, von der Kunst zu lieben. Sie war schön – aber das war es dann auch schon. Da hatte Hagar einiges mehr zu bieten. Und Abraham schien wie ein vertrocknetes Feld all ihre Segnungen zu empfangen. Er dürstete richtig nach ihr. Sie spürte es und kostete es bis in die letzte Faser aus. Nicht allzu lange ging es, bis sie merkte, wie sein Samen sich in sie ergoss. Tief befriedigt stöhnte sie auf. Das würde ihr Sieg werden. Nun war es geschafft. Keinen Augenblick zweifelte sie daran, dass Abrahams Samen in ihr Frucht bringen würde. Abraham schien erschöpft. Vorsichtig legte sie sich auf seine Brust. Bis er einschlief. Sie konnte nicht schlafen. Die Freude und Erregung hielten sie wach. Nun war eine neue Zeit angebrochen. Ihre Zeit!

Und tatsächlich. Der Himmel schien sie zu segnen. Hagar wurde schwanger. Dieses unglaubliche, prickelnde Gefühl, als sie merkte, dass ein Kind in ihr wuchs! Nun würde alles anders werden. Sie trug Abrahams Kind in sich! Wie dieser Triumph ihr Gesicht erstrahlen liess. Sarai sah es auf den ersten Blick, dass sie – Hagar – schwanger war. Sollte sie doch platzen vor Neid! Denn das spürte Hagar sofort: Sarai hatte diese Kind zwar gewollt durch sie – aber sie gönnte es ihr nicht. Zudem musste sie auch etwas ahnen von dieser Nacht Abrahams mit ihr. In den letzten Wochen schienen Abraham und sie nicht halb so harmonisch, wie sie sich sonst nach aussen hin gaben. Für jeden war offensichtlich, dass etwas zwischen den beiden stehen musste. Und viele ahnten, dass alles mit jener Nacht zusammenhängen musste. Es war ein offenes Geheimnis, dass Hagar in Abrahams Zelt war. Und nicht wenige Männer wusste, was Hagar zu bieten hatte.

Hagar genoss ihre Schwangerschaft in vollen Zügen. Stolz präsentierte sie ihren runden Bauch und ihre immer voller werdenden Brüste. Niemand, der sich nicht nach ihr umgedreht hätte, wenn sie vorbei ging. Die Freude und der Triumph schienen sie zur Königin zu krönen.

Sarai wurde jeden Tag eifersüchtiger auf ihre Magd. So hatte sie sich das alles nicht vorgestellt. Eigentlich hatte sie sich gar nichts vorgestellt – ausser, dass sie unbedingt und mit jedem Mittel irgendwie zu einem Kind kommen wollte. Nun hatte sie das Kind. Aber s i e hatte es nicht. Hagar hatte es. Und nur zu deutlich spürte sie den Unterschied zwischen einem eigenen Kind und einem Kind, das einem durch die eigene Magd geboren wurde. Sie verwünschte sich für ihren törichten Vorschlag. Abraham war nicht mehr derselbe seit dieser Nacht mit Hagar.

Eines Tages hielt Sarai es nicht mehr aus. Sie platzte vor Wut und Neid. Sie rief Abraham zu sich. Sie stellte ihn zur Rede. Was war zwischen dir und dieser Hure? Abraham versuchte sie zu beschwichtigen. Aber Sarais Zorn wuchs dadurch nur. Sie schrie ihn an. Ich – ich bin deine Frau! Sie ist bloss eine kleine, nichtsnutzige Nutte. Ich habe alle Rechte – sie ist ein Nichts!

Abraham zuckte zusammen. Er war ein friedliebender Mann. Und nichts störte ihn mehr als Geschimpfe und Gezänke. Er versuchte Sarai zu beruhigen. Tu alles – egal was, mit deiner Magd. Ich habe nichts mit all dem zu tun. Regelt ihr das unter euch.

Darauf hatte Sarai gewartet. Der Freipass für jede Grausamkeit ihrer Sklavin gegenüber. Sie wusste ihn auszunutzen. Wie Gift liess sie all ihre bösen Aussagen in das Herz von Hagar tropfen. Jeden Tag fand sie neue Arten, neue Worte, um Hagar zu quälen. Du kleine Hure, du dreckige kleine Nutte. Du stinkiges Stück Dreck. Sarai war erfinderisch. Sie wusste genau, was Hagar treffen musste. Schlag für Schlag kämpfte sie sich vorwärts und sie war sicher, dass sie diese Schlacht gewinnen würde. Dieses Mal hatte sie die Hand am Schwert! Sollte diese Nutte schauen, wie sie mit ihrem Leben davon kam!

Und tatsächlich. Schon nach wenigen Wochen hielt Hagar ihren Angriffen nicht mehr stand. Sie brach zusammen. Heulte. Wie Sarai sich da freute! Alles hatte sie wieder gut gemacht! S i e war die Herrin. Jeder sah es. Sie herrschte über diesem Weib.

Wieder einmal wälzte Hagar sich in ihrem Bett. Keine Träume dieses Mal. Nur noch Schmerz und Kummer und Angst. Sarai wollte sie fertig machen. Das wusste sie ganz genau. Sarai würde nicht eher ruhen, bis sie und ihr Kind ernsthaft Schaden nähmen. Sie würde vor nichts zurück schrecken. Hagar kannte ihre Herrin nur zu genau.

Sie musste fliehen. Wenn sie hier bleiben würde, dann würde das ihr Ende. Sie musste sich vor Sarai in Sicherheit bringen. Möglichst schnell. Jeder Tag hier, war ein Tag zu viel.

Sie bereitete ihre Flucht nicht lange vor. Nur weg von hier.

Noch in derselben Nacht schlich sie sich aus dem Lager. Im Schatten der Zelte duckte sie sich. Von Zelt zu Zelt, bis an den Rand des grossen Lagers. Und dann weg – so schnell sie konnte. Sie lief und lief.

Erst als die Sonne sich erhob und immer heisser auf sie niederbrannte, begann sie ihren Schritt zu verlangsamen. Völlig erschöpft musste sie sich schon bald unter einen Busch setzen. Der Durst brannte in ihrer Kehle. Sie hatte an nichts anderes gedacht als an Flucht – nicht an Wasser, nicht an Essen. Nun sass sie da und hatte nichts. Der Durst loderte inzwischen wie ein Feuer in ihr. Sie hielt es nicht mehr aus. Tränen der Erschöpfung, der Wut, der Enttäuschung und des Schmerzes liefen ihr über die Wangen.

Bis dieser Mann kam. Er setzte sich neben sie. Was wollte er von ihr? Sie noch mehr demütigen? Sie schämte sich ihrer Tränen. Sie war schmutzig und stank. Konnte sie dieser Mann nicht alleine lassen? Musste er sie durch seine Gegenwart ihn ihrem Elend noch tiefer sinken lassen? Sie schaute ihn nicht an.

Aber er schaute sie an. Dann zeigte er mit seiner Hand auf einen Ort ganz in der

Nähe. Vor lauter Erschöpfung hatte sie sich bisher gar nicht richtig umgesehen. Eine Quelle! Keine paar Meter von ihr entfernt. Mein Gott, sie war gerettet! Nun konnte sie trinken. Gierig stürzte sie sich auf das kalte Nass.

Der Man schaute ihr zu. Er sass immer noch dort unter dem Busch und schaute ihr zu. Je mehr ihr Durst gestillt wurde, umso mehr wurde sie sich dieses Blicks bewusst, der auf ihr ruhte. Nun war es dieser Blick, der die Hitze in ihr steigen liess. Es war ihr peinlich, wie fassungslos sie vor diesem Mann stand. Eine lächerlichere Figur hatte sie ja nicht einmal als Sklavin abgegeben! Der musste ja auf den ersten Blick sehen, wie dumm und unvorsichtig sie war – ohne auch nur eine einzige Wasserflasche mitten in der Wüste! Vielleicht ahnte er sogar, was für eine Geschichte dahinter stecken könnte. Sie fühlte sich von den Blicken dieses Mannes wie nackt ausgezogen. Sie schämte sich. Sie die stolze Hagar! Weshalb tat Gott ihr das an? War sie denn nicht schon genug gedemütigt worden?

Nun sprach er sie auch noch an! Mit ihrem Namen! Oh Gott – der musste die ganze Geschichte kennen!

Aber wieso fragte er dann, woher sie komme? Und wohin sie ginge? Wenn er es doch sowieso schon wusste.

Trotzig schleuderte sie ihm die Antwort entgegen: „Ich bin vor Sarai geflohen."

Wieder sah dieser junge Mann sie einfach nur an. Mein Gott – sollte das denn nie enden? Konnte der nicht anständig an ihr vorbei sehen? Was starrte er sie ununterbrochen an? Sie wusste es ja, was für ein Haufen Elend sie darstellte.

Und nun forderte er sie auch noch auf, wieder zu Sarai zurückzukehren! Das war ja der Gipfel der Frechheit! Wer dachte er denn, dass er sei, dieser Junge da?! Sie liess sich doch nicht herumkommandieren. So tief war sie denn doch noch nicht gesunken! Sie sollte freiwillig zurückkehren und sich weiter demütigen lassen? Niemals!

Mitten in ihre erzürnten Gedanken hinein sprach er weiter, der junge Mann. Er sprach von ihrem Sohn. Davon, wie gross und mächtig er werden würde. Er schien auch ihre Träume zu kennen! Er wusste wie viele Jahre lang sie davon geträumt hatte, dass die Welt erkennen soll, dass auch sie – Hagar – eine kostbare, wertvolle, grosse Frau war. Der junge Mann sprach davon, dass ihre Nachkommen viele sein würden, so viele dass sie nicht gezählt werden könnten. Mein Gott, da waren ihre grossen Träume ja noch klein gegenüber den Träumen von denen dieser Mann hier redete. Niemals hatte sie so weit zu denken gewagt. Ihr Atem stockte allein bei der Vorstellung ihrer unzähligen Nachkommen. Nun sprach der junge Mann weiter von ihrem Sohn. Er würde stark sein, wild; er würde allen trotzen. Ja! So sollte ihr Sohn werden! Ein Kämpfer, der ihren Kampf fortsetzen würde. Sie würde nicht untergehen. Ihr Sohn würde kämpfen für sie.

Was war das für ein Mann, der so sonderbar mit ihr sprach? Vor dem sie dastand wie nackt, sich zu tiefst schämte und von dem sie gleichzeitig in eine Höhe erhoben wurde, von der sie nie auch nur zu träumen gewagt hätte.

Das musste Gott selber sein. Gott hatte sie angesehen. Sie sah dem jungen Mann nach, der sich langsam durch die Wüste entfernte.

Noch einmal beugte sie sich zu der Quelle hinunter und trank. Der lebendige Gott sieht mich. Genauso wie ich bin. Nicht nur die schöne stolze Hagar. Er sieht auch die elende Hagar. Und die träumende Hagar. Niemals zuvor hat sie sich so umfassend gesehen und verstanden gefühlt.

Wenn dieser lebendige Gott sie sieht – dann würde er sie sehen, egal, was sie weiter erleben und erdulden wird. Er wird weiter ihre Träume teilen - und ihren Schmerz. Er ist der, der sie weit über alle ihre Träume herausheben wird. Er hatte Träume für sie, die grösser war als alles, was sie sich vorstellen konnte.

Ja, sie würde zurückkehren. Sie würde sich unter Sarai demütigen. Sie würde nicht alleine sein in ihrem Schmerz. Sie würde immer wissen, dass da einer ist, der sie durch und durch kennt und der für sie ist. Der in einem Masse für sie ist, wie sie es kaum zu fassen vermochte.

Gott würde ihren Sohn zu einem Kämpfer heranwachsen lassen. Als Zeichen dafür, dass Gott selber für sie kämpft. Und dann würden ungezählte Nachkommen ihren Ruhm mehren.

Nach diesem Tag wusste sie: Es ging nicht um ihren Ruhm. Gott hätte sie verdursten lassen können in der Wüste. Er hatte es nicht getan. Sie hatte sie selbst an den Rand des Todes gebracht. Er hatte sie gerettet. Es war sein Ruhm. Allein schon, dass sie lebte, war sein Ruhm. Alles, was er sie in ihrem Leben noch sein und tun liess – war s e i n Ruhm.

Langsam wuchs die Demut in Hagar.

Sie gab ihr den Mut zurückzukehren, auszuhalten und ihren Sohn zu gebären. Sie gab ihr den Mut auf den Stolz zu verzichten und zu tun, was ihre Aufgabe war.

Immer im Wissen um die viel grösseren Träume, die Gott für sie hat. Der lebendige Gott, der sie sieht.

Esther

So habe ich mir mein Leben nicht vorgestellt. Nein, ganz bestimmt nicht.

Ich war ein unbändiges Mädchen. Meine Eltern sind sehr früh gestorben. Ich bin bei Mordechai, meinem älteren Cousin aufgewachsen. Er hat mir viel Freiheit gelassen. Oft habe ich mit den Jungs unserer Nachbarn zusammen gespielt. Wir haben mit Sand, Stecken und Steinen die grossen Schlachten unseres Volkes nachgespielt. Wenn es kühl war oder regnete, dann verkrochen wir uns in den Stall, kuschelten uns ganz nahe an die wärmenden Schafe und erzählten uns immer wieder die Geschichte von der Deportation unseres Volkes in das Land, in dem wir nun lebten. Wir waren nicht von hier. Das wussten wir. Wir wollten auch gar nicht so sein, wie die Leute in diesem Land. Wir waren stolz auf unser Volk und versuchten uns an alles zu erinnern, was uns von den anderen Völkern unterschied. Ich träumte schon als kleines Mädchen davon, dass ich eines Tages mein Volk aus der Gefangenschaft wieder nach Hause führen würde. Tausend Mal bin ich in meinen Träumen an der Spitze meines Volkes durch die Wüste gezogen – zurück nach Hause. Ich ging ihnen voran, stolz und frei. Nichts und niemand konnte mich aufhalten. Mein Volk vertraute auf mich. In meinen Träumen setzten sie alle ihre Hoffnung auf mich.

Wenn ich den Jungs unserer Nachbarn von meinem Traum erzählte, dann lachten sie mich aus. Sie sagten mir, dass kein Mädchen ein ganzes Volk führen könne. Wenn sie mit diesem Argument kamen, dann erinnerte ich sie jeweils an all die Abenteuer, die wir zusammen erlebt hatten. Und sie erinnerten sich daran, dass meistens ich es war, die unsere Unternehmungen angeführt hatte. Ich war sehr mutig. Mutiger als sie alle zusammen. Das wussten sie nur zu gut. Mit der Zeit, sagten sie gar nichts mehr, wenn ich ihnen ausmalte, wie ich unser Volk retten würde. Ich hatte den Eindruck, sie glaubten selber immer mehr daran, dass dies tatsächlich möglich wäre. Ihr Respekt vor mir wuchs. Unausgesprochen war immer klar, dass ich die Leiterin war. Ich bestimmte, was wir taten oder spielten. Und ich genoss es, wenn die Jungs mir nach durch die Strassen tobten. Der Tod meiner Eltern hatte mir sehr früh die Angst vor dem Sterben genommen. Wenn ich sterben würde, dann wäre ich wieder mit ihnen vereint. Und das war alles andere, als eine erschreckende Vorstellung für mich. Zeitweilig sehnte ich mich sogar nach dem Tod. Aber dann auch wieder nicht. Dazu liebte ich das Leben zu sehr. Aber Angst hatte ich keine. Deshalb war ich auch so wagemutig. Wenn die anderen zögerten und sich überlegten, ob etwas nicht doch zu gefährlich sei, dann sprang ich einfach weiter. Ich wagte mich, über die Steine und Felsen zu springen, wie kein anderer. Wie fühlte ich mich dann jeweils frei und stark. Ich liess mein helles Lachen erklingen, wenn ich sah, dass die anderen weit hinter mir zurückblieben. Ich war stark. Das freie Leben, das mir mein Pflegevater erlaubte, hatte mich kräftig gemacht. Ich war gelenkig und meine kleinen Muskeln waren hart. Die Jungs konnten es kaum mit mir aufnehmen. Die andere Mädchen sowieso nicht. Wobei ich wenig Kontakt hatte mit anderen Mädchen. Die meisten von ihnen mussten ihren Müttern schon früh im Haushalt helfen. Da meine Mutter tot war, kümmerte sich niemand darum, dass ich die Dinge lernte, die Frauen bei uns können mussten. Mein Pflegevater war ein weiser, sehr gebildeter Mann. Er brachte mir das Lesen bei. Ich studierte mit ihm zusammen Bücher und alte Karten. Er fragte mich die Geschichte unseres Volkes ab und erzählte mir immer noch mehr davon. Ich hatte meine Schlafstätte nahe beim Feuer, wo es am wärmsten war. Wenn ich bereits im Bett lag, trafen sich oft die jüdischen Männer aus unserem Quartier bei meinem Pflegevater. Ich hörte ihnen bis tief in die Nacht zu, wie sie miteinander redeten und diskutierten. Bis ich jeweils einschlief. Aber da mich die Gespräche so brennend interessierten, schlief ich oft lange nicht ein. Als ich älter war, setzte ich mich manchmal sogar zu ihnen hin, um noch besser zuhören zu können. Meinen Pflegevater störte das nicht. Er fand es gut, dass ich so viel wie möglich lernte. Da die anderen Männer ihn hoch achteten, sagten sie auch nichts über meine Anwesenheit bei ihren Treffen. Sie gewöhnten sich daran. Auch wenn es wahrlich nicht den Gepflogenheiten unserer Zeit und unseres Volkes entsprach. Aber sie wussten auch, dass es in unserem Volk immer wieder grosse Frauen gegeben hatte. Frauen, denen Gott Aufgaben anvertraut hatte, die normalerweise nur Männer machten. Ich hatte den Eindruck, mit der Zeit sahen sie mich immer mehr als eine solche, besondere Frau an. Ich passte so gar nicht in ihr Bild von Frauen, dass sie mich nicht wirklich zu ihnen zählten.

Bis zu jenem schrecklichen Tag.

Wir hatten alle mitbekommen, dass der König seine Frau verstossen hatte. Vasthi hatte sich geweigert, bei einem Festmahl ihres Mannes aufzutreten. Sie war nicht bereit, sich vor all den Männern, die zum Teil schon stark betrunken waren, zur Schau zu stellen. Ich fand Vasthi sehr mutig und bewunderte sich für ihre Entschlossenheit. Sie liess sich nicht einfach herum schubsen. Sie wusste, wer sie war und sie forderte Anerkennung und Respekt – auch von ihrem Mann. Aber es kostete sie ihre Königskrone. Der König liess sich von seinen Beratern davon überzeugen, dass Vasthis Verhalten nicht geduldet werden konnte. Sie überredeten ihn, nach einer neuen Königin suchen zu lassen. Dieser Vorschlag gefiel ihm. Und von da an, wurden alle hübschen Mädchen im Lande auf seine Burg geschleppt. Viele gingen freiwillig. Manches Mädchen träumte davon, die neue Königin zu werden. Aber andere Mädchen wollten zu Hause bleiben. Sie hatten ihre Eltern lieb und wollten sich nicht für den Rest des Lebens von ihnen trennen müssen. So viele Tränen wurden vergossen in jenen Tagen.

Auch Esther weinte. Zum ersten Mal seit langem. Nach dem Tod ihrer Eltern hatte sie viel geweint. Aber als jener Schmerz vorüber war, empfand sie alle Unglücke, die ihr begegneten als so klein und nichtig, dass sie kaum je eine

Träne darüber vergoss. Zudem behütete sie ihr Pflegevater so liebevoll, dass sie nur selten etwas Schlimmes miterleben musste.

Aber dies war schlimm! Es kamen Soldaten des Königs und wollten sie von ihrem Pflegevater wegholen. Sie sollte in den Palast kommen. Mordechai wehrte sich mit Händen und Füssen dagegen und sie selber schlug um sich. Aber es nützte alles nichts. Die Soldaten waren schwer bewaffnet und sie waren viele. Esther musste sich ergeben. Sie wurde mitgeschleppt. Verzweifelt sah sie zurück. Sie sah ihren Pflegevater weinend vor der Türe ihres Hauses stehen. Völlig zerbrochen stand er dort.

Die Wut glühte in Ester. Sie war rasend vor Zorn. Die Soldaten hatten alle Hände voll zu tun, um sie bis zum Palast zu bringen. Dort wurde sie mit vielen anderen Mädchen zusammen in das Frauenhaus gebracht. Sie wusste, was sie erwarten würde. Monatelang würde ihr Körper genährt und gesalbt und vorbereitete werden für die eine Nacht, die sie dann mit dem König würde verbringen müssen. Ihr graute vor all dem. Ihr ekelte davor. Sie wollte raus. Rennen, klettern. Sie wollte ihren Körper fit halten und trainieren. Stattdessen würde nun alles dafür getan werden, dass ihre Haut weich würde, die Rundungen ihres Körpers sich ausbilden konnten. Immer wieder hatte sie gelächelt über die Mütter ihrer Spielkollegen. Die meisten von ihnen, hatten breite Hüften und ihre Brüste waren gross. Sie hatte sich jeweils überlegt, wie diese Frauen klettern oder über Steine hüpfen würden – und musste dann lauthals lachen. Nein, diese Frauen taugten nicht zum Springen und Klettern. Und nun wollte sie hier eine solche Frau aus ihr machen. Sie würde liegen müssen, essen, baden, sich salben lassen. Nein! Das durften die einfach nicht mit ihr machen! Sie wollte nicht! Sie musste raus!

Ihre Augen blitzen vor Wut. Aber genau das gefiel Hegei, dem Hüter der Frauen. Er war fasziniert von diesem wilden Mädchen. Es erinnerte ihn an Vasthi, als sie noch jung war. Genauso ein kämpferisches, selbstbewusstes Mädchen war sie gewesen. Ester glich ihr. Diese Ester wollte Hegei fördern. Er wusste, wie auch der König Vasthi für ihre Unbändigkeit geliebt hatte. Er wusste auch, wie sehr der König darunter litt, Vasthi nicht mehr an seiner Seite zu haben. Er würde dem König eine neue Vasthi schenken! Er würde aus Ester eine neue Königin machen!

Natürlich wusste Hegei, wie viel Arbeit das bedeuten würde. Ester würde nicht begeistert sein und das Programm einfach mitmachen, das die Frauen hier durchlaufen mussten. Sie würde sich wehren und sich weigern. Hegei ahnte schon, wie viel Kämpfe ihm da bevorstehen würden. Aber er wusste auch, dass

die Arbeit sich lohnen würde. Ester würde eine wahre Schönheit werden. Alles an ihr war wohlproportioniert. Sie würde die anderen Mädchen bei weitem überflügeln. Ihm war klar, dass er nur Erfolg haben würde, wenn er Ester mit sehr viel Respekt und Achtung begegnen würde. Das würde der einzige Weg sein, wie er sie dazu bringen konnte, sich seinem Plan nicht querzustellen.

Ester war überrascht darüber, wie Hegei sie behandelte. Er begegnete ihr mit höchster Aufmerksamkeit. Als sie ihn darum bat, liess er ihr sogar Bücher zukommen. Das war für sie eine riesen Erleichterung an diesem Ort, der für sie ansonsten wie ein Gefängnis war. Aber nun durfte sie wenigstens Lesen! Einen Teil ihres Lebens, das sie mit ihrem Pflegevater gelebt hatte, konnte sie so weiter führen. Sie stürzte sich in die Lektüre. Sie sog all das Wissen, die Sprache, die Geschichten und Bilder dieser neuen Kultur in sich ein. Ihr Geist wurde täglich noch beweglicher und ihr Wissen nahm immer mehr zu. Hegei war zufrieden damit. Er wusste, dass der König Intelligenz bei Frauen bewunderte. Hegei liess auch zu, dass Ester ihren Körper weiter trainierte. Er sah sie oft mit ihren Dienerinnen, die er ihr zugeteilt hatte, im Garten fangen spielen. Das war zwar nicht die Aufgabe der Dienerinnen, aber Hegei liess sie gewähren. Er drückte sogar beide Augen zu, als er sie eines Tages dabei beobachtete, wie diese Mädchen Ester anfeuerten, die hohe Mauer, die um den Garten herum lief, hochzuklettern. Er wusste, dass sie nicht entkommen konnte. Ausserhalb der Mauer standen genügend Wachen. Aber das Klettern machte ihr Spass und es würde ihrer Schönheit keinen Abbruch tun, wenn ihre Muskeln weiter gestählt wurden.

Nur den – ihrer Meinung nach viel zu üppigen – Mahlzeiten, den Bädern und den Salbungen konnte sich Ester nicht entziehen. Die musste sie über sich ergehen lassen, wie alle anderen Mädchen auch. Nach wie vor wehrte sie sich innerlich dagegen. Manchmal weinte sie beinahe vor Zorn, wenn sie sich entkleiden sollte und ihr Körper mit Balsam und Myrrhe eingerieben wurde. Sie wollte nicht hier liegen und sich von fremden Händen betatschen lassen. Alles in ihr schrie und lehnte sich dagegen auf. Sie presste die Augen zusammen und liess die Dienerinnen ihre Arbeit machen. Aber sobald sie fertig waren, hüllte sie sich sofort wieder in ihre Kleider und stürmte davon – in ihr Zimmer, wo sie las und las – bis sie sich wieder etwas beruhigt hatte. Ähnlich ging es ihr beim Essen. Zu Hause bei Mordechai hatten sie Brot und Käse gegessen. Mordechai war nicht reich und die Mahlzeiten in seinem Hause eher spärlich. Aber Ester hatte sie geliebt: den scharfen Käse, der aus der Milch ihrer Ziegen und Schafe bereitete wurde; das Brot, das so frisch duftete. Nun standen die erlesensten Speisen vor ihr. Dinge, die sie noch nie im Leben gesehen hatte. Es war genau vorgeschrieben, wie viel und von was sie zu essen hatte. Ihr wurde immer speiübel allein beim Gedanken, all das essen zu müssen. Gezwungenes Essen schmeckt nicht. Selbst wenn es die feinsten Delikatessen sind. Zudem wusste sie, dass ihre Hüften und Brüste sich immer mehr runden würde, wenn sie das alles ass. Dabei wollte sie doch keine solche Frau werden! Keine Frau, an der sich die Männer ergötzen und die zu nichts anders da ist, als die Männer mit ihrer Schönheit zu betören. Manche Nacht lag Ester in ihrem Bett und träumte ihrem alten Traum nach. Nun würde sie niemals ihr Volk befreien. Nicht einmal sich selber würde sie jemals wieder befreien können. Sie war hier gefangen und sie würde niemals mehr heraus kommen. Nach der einen Nacht mit dem König würde sie wie alle die anderen Mädchen in das Frauenhaus hinübergeführt werden, unter die Hand von Schaaschgas, dem Hüter der Nebenfrauen des Königs. Dort würde sie weiter gepflegt und gesalbt werden, nur für den einen beinahe unwahrscheinlichen Fall noch einmal vom König in sein Gemacht gerufen zu werden. Was angesichts der huderten von Nebenfrauen des Königs nie geschehen würde. Das würde ihr Leben sein. Dabei hatte sie doch so grosse Träume gehabt. Alles war zu Ende. Ihr Leben hatte aufgehört, bevor es richtig begonnen hatte. Nie würde sie die Frau werden können, von der sie geträumt hatte. Sie musste hier eine Frau werden, die sie nicht war und die sie nicht sein wollte.

Hegei wusste um ihre Kämpfe. Er ahnte, wie gross der Freiheitsdrang in Ester war. Er wusste auch, dass er sie nicht zur Königin machen konnte, wenn sie sich in Trauer und Hoffnungslosigkeit verlor. Er musste sie zum Lächeln bringen. Er musste sie herausfordern und ihre Lebensgeister wieder wecken. Sie musste sprühen, wie an dem Tag, als sie hier ankam und beinahe überschäumte vor Zorn und Wut. Er musste ihre Kräfte und ihren Kampfgeist wach halten, wenn Ester vor dem König Gefallen finden sollte. Und das sollte sie seiner Meinung nach. Hegei war bewusst, dass dieses Mädchen hier etwas ganz Besonderes war. Er würde sie nicht aufgeben. Und so bemühte er sich täglich darum, sie nicht der Schwermut preiszugeben. Er führte mit ihr sogar Diskussionen über die Bücher, die er ihr zu lesen gab. Wie begannen dann die Augen Esters wieder zu funkeln! Hegei selber begann diese Gespräche über alles zu geniessen. Ester hatte viel gelernt, während den Jahren ihrer Kindheit, in denen sie ihren Pflegevater und seine Freunde bei ihren Gesprächen belauschen konnte. Sie wusste, wie man ein Streitgespräch führte. Sie brachte ihre Argumente gezielt und wohlüberlegt vor. Hegei kam immer wieder ins Schwitzen, wenn er seinen Standpunkt neben dem ihren verteidigen wollte. Hegei liess Ester sogar schreiben. Er beobachtete sie still, wenn sie voll Feuereifer mit geröteten Wangen über einem Papier sass und schrieb und schrieb. Er wusste, dass sie über ihr eigenes Erleben schrieb. Solche Geschichten hatte er noch nie zuvor gelesen. Er ertappte sich dabei, wie er sich immer öfter fragte, was aus diesem Mädchen nicht alles hätte werden können – wenn es ein Junge gewesen wäre. Es begann ihn sogar etwas zu reuen, dass die Mädchen in diesem Land und in dieser Zeit so gar keine Möglichkeit hatten, grosse Dinge zu tun. All diese Gedanken und Gefühle liessen den Wunsch in ihm immer noch mehr wachsen: Ester sollte Königin werden. Wenigstens das. Er wusste, dass das nicht das war, wonach dieses wilde Mädchen sich sehnte – aber es war das Höchste, was er für sie erreichen konnte.

So kam es, dass Hegei an dem Tag, als Ester zum König geführt wurde, beinahe nervöser war, als Ester selber. Er hatte den allerschönsten und haargenau passenden Schmuck für sie ausgewählt. Da Ester diese Dinge kein bisschen interessierten, war sie mehr als bereit, das anzuziehen und umzulegen, was Hegei ihr vorschlug. Ester kümmerte sich kaum um ihr Aussehen. Sie beschäftigte es viel mehr, was der König mit ihr vorhaben würde. Sie wollte nicht mit ihm schlafen. Aber genau dazu, war sie vorbereitet worden. Sie wusste das. Sie hatte Angst davor und war verzweifelt. Nun gab es keinen Ausweg mehr. Sie musste in das Gemach des Königs. Sie war diesem Mann völlig ausgeliefert.

Und dann stand sie vor dem König. Hegei hatte sie bis vor die Tür begleitet. Sie fühlte sein Wohlwollen und ahnte seinen Wunsch, dass sie sich des Königs Gunst erobern würde. Das liess sie leise lächeln. Sie hatte Hegei gerne bekommen in diesem Jahr. Sie merkte, wie viel ihm an ihr lag. Sie schaute ihn noch einmal an. Sein Blick schien ihr zu sagen: Geh und kämpfe – und siege. Und sie liess sich anstacheln! Mit einem Male war die Angst verflogen. Mutig trat sie in das grosse Zimmer hinein. Ihr ganzer Körper, ihr ganzes Sein schien sich auf einmal zu erinnern an das Spiel mit ihren Freunden – damals als sie noch ein Kind war. Sie blieb stehen und genoss diese Welle der Erinnerung. Neue Kraft erhob sich in ihr. Die Lust voranzugehen überkam sie wieder. Sie sah sich von Stein zu Stein springen, die Jungs weit hinter sich lassend. Diese Erinnerung zauberte ein Lächeln auf ihr Gesicht. Sie trat nun frei und mutig und stark vor den König hin und sah in seine Augen. Diese schauten das Mädchen vor ihm verwundert und überrascht an. Das war das erste von all den vielen Mädchen, die ihm so entgegentrat. All die anderen waren schüchtern und mit gesenktem Blick vor ihn getreten. Sie hatten sich kaum zu einem Wort bewegen lassen, sondern sich ihm einfach nur willig hingegeben. Das würde diese Mädchen hier nicht tun. Das wusste er auf den ersten Blick. Und es gefiel ihm. Auch er wurde von Erinnerungen heimgesucht. Er sah Vasthi wieder vor sich. Seine selbstbewusste Vasthi. Er hatte sie geliebt. Wieso nur hatte er sie sich wegnehmen lassen? Aber hier stand nun ein Mädchen, das nicht weniger mutig zu sein schien, wie seine Vasthi. Er schaute sie prüfend an. Ja, da blitze ihm derselbe Kampfgeist entgegen, den er von Vasthi her kannte. Hier stand eine Frau, die ihm ebenbürtig war. Das wusste er von diesem ersten Augenblick an. Und er liebte es! Nun wollte er herausfinden, ob sie ihm wirklich standhalten konnte. Er warf ihr eine kurze Bemerkung zu. Ester fing sie sofort auf und entgegnete ihm kurz und klar ihre Meinung. Der König staunte. So stark hatte er sie nicht vermutet. Er liess sich weiter auf dieses Gespräch mit ihr ein. Sie redeten. Ester kam immer mehr in Schwung. Ihre Wangen begannen zu glühen; ihre Augen sprühten Funkten. Wenn der König ein Argument von ihr geschickt zu wiederlegen vermochte, dann lachte sie laut und konterte mit einem weiteren

Gesichtspunkt. Ja, das machte Spass. Mehr sogar noch, als die Diskussionen mit Hegei. Hegei war intelligent; aber der König war noch viel gebildeter. Das merkte Ester sogleich. Diese Diskussion würde die herausforderndste werden, die sie jemals hatte selber führen dürfen. Aber sie war gewappnet. Nicht umsonst war Mordechai ihr Pflegevater gewesen. Sie hatte den Gesprächen der weisen Männer ihres Volkes gelauscht. Sie wusste mehr, als jedes andere Mädchen in diesem Land. Sie spielte ihre Karten aus. Und der König spielte mit. Er fühlte sich so lebendig, wie schon lange nicht mehr. Endlich jemand, der sich gänzlich auf ihn einliess. Dieses Mädchen hörte ganz genau zu, was er sagte, nahm alles wahr und auf und ging auf alles ein. Er war es gewohnt, dass seine königlichen Berater, die zwar alle sehr gebildet waren, in erster Linie ihre eigene Meinung durchsetzen wollten. Selten hatte er den Eindruck, sie seien bereit, sich auf seine Wahrnehmung einzulassen. Nicht dass er sich dadurch davon abhalten liess das durchzusetzen, was er wollte – aber die Freude, gehört und verstanden zu werden, erlebte er nun ganz selten. Dieses Gespräch war anders. Ganz anders. Das Mädchen fragte nach, versuchte zu differenzieren, wies ihn auf weitere Gesichtspunkte hin. Es fragte ihn, nach seiner Wahrnehmung und sprach über ihr eigenes Erleben. Der König hätte beinahe vergessen, dass er hier mit einer Frau redet. Niemals wäre er auch nur auf die Idee gekommen, dass eine Frau ein solcher Gesprächspartner hätte sein können. Sie übertraf jeden Mann. Aber dann sah er wieder ihre glühenden Wangen, die leuchtenden Augen, den wunder schönen Mund – und das Bewusstsein, dass hier eine Frau vor ihm sass, übermannte ihn. Er gab sich ganz der Lust an diesem Gespräch und der Freude an dieser Frau hin. Diese Frau hatte das Blatt gewendet. Nun gab er sich hin. Nun liess er los – und genoss es über alle Massen. Auch sie schien die Begegnung immer mehr zu geniessen. Einmal hob sie sogar die Hand und strich eine Sorgenfalte aus seiner Stirn, die sich gebildet hatte, weil das Gespräch sie inzwischen um sehr schwierige politische Themen zu drehen begonnen hatte.

Und wieder fragte sie, wie es ihm denn gehe in dieser ganzen Geschichte. Sie sehe seine Sorgenfalten und habe den Eindruck, das alles müsse eine riesen Last für ihn sein. Zum aller ersten Mal im Leben sah jemand, die Last, die er zu tragen hatte! Alle anderen waren immer nur neidisch auf seine Stellung. Viele gönnten ihm die Krone nicht. Wie schwer sie zu tragen war, ahnte keiner. Tränen traten in die Augen des Königs. So wahrgenommen und verstanden fühlte er sich. Diese Frau war eine Königin. Ohne Frage – sie war seine Königin!

Ester wurde Königin. Der König selber setzte ihr mit zärtlichem Blick die Krone auf das Haupt. Es wurde ein rauschendes Fest gefeiert. Überschäumend vor Glück, gewährte der König den Ländern Steuererlass und verteilte königliche Geschenke. Ester lächelte. Sie freute sich darüber, dass die Beziehung mit ihr den König aufblühen liess. Es war, wie wenn das Beste in ihm bis jetzt geschlummert hätte und durch ihre Gegenwart erst aufgeweckt worden wäre. Die Gespräche mit Ester, ihr Dasein und Zuhören, ihr Trost und ihre Ermutigung spornten ihn an, Gutes zu tun. Nie hatte er bis dahin jemand an seiner Seite gehabt, dem er voll und ganz vertrauen konnte. Aber Ester war für ihn. Sie stand hinter ihm. Das tat dem König so unendlich wohl. Auch Ester genoss es, ihren König zu unterstützen. Sie wusste, wie sehr er ihre Treue und Hingabe brauchte. Sie fühlte, wie einsam er bis jetzt gewesen war. Wie sehr er sich danach gesehnt hatte, sich jemandem anvertrauen zu können.

Umso schmerzhafter war es für Ester, dass sie ihre eigenen, innersten Träume vor ihm verbergen musste. Ester liebte die Wahrheit und nichts war für sie unnatürlicher, als ein Geheimnis wahren zu müssen. Aber sie hatte es ihrem Pflegevater versprochen, bevor die Soldaten sie holen kamen. Mordechai hatte ihr gesagt, sie dürfe niemandem erzählen, dass sie Jüdin sei. Ester hatte ihm gehorcht. Sogar jetzt, wo der König und sie sich so nahe standen, sagte sie nichts davon, aus welchem Volk sie stammte. Aber das hiess auch, dass sie dem

König keinen Anteil geben konnte an ihren Kindheitsträumen. Mitten im Trubel all ihrer neuen Aufgaben als Königin vergass Ester manchmal sogar ihre alten Träume. Sie begann sich in ihren Träumen mit den Herausforderungen ihres Mannes zu beschäftigen. Ihr träumte immer seltener, dass sie an der Spitze ihres Volkes dieses in die Freiheit führen würde. Sie begann zu vergessen. Ganz langsam. Sie war nun die Königin - die Frau an der Seite des Königs von Persien. Der Stern der Juden ging unter in ihrem Innern. Ganz langsam. Sie liebte ihren Mann und diente ihm. Ihre eigenen Träume hatten keinen Platz mehr in ihrem neuen Leben.

Aber im Hintergrund ordnete Gott, der Allmächtige, der Gott der Juden, der Einzige, der Gott, der Ester ihre Träume geschenkt hatte, die Fäden mit denen das Bild von Esters Leben gewoben wurde. Das Bild ihres Lebens zeigte einen Stern. Keinen Stern, der untergeht. Ein Stern der leuchtet. Jeder Faden, den Gott in dieses Bild webte, liess den Stern heller erstrahlen. Ester war der Stern für sein Volk. So wie Gott es sie schon als Kind hatte träumen lassen. Er hatte sie all das erleben lassen, was diesen Stern erstrahlen lassen würde. Auch jetzt an der Seite des Königs begann ihr Licht heller und heller zu erstrahlen. Auch wenn ihr Inneres es nicht sehen konnte, mitten in der königlichen Pracht, die sie umgab. Aber das machte nichts. Gott brauchte diese Zeit. Er liess Ester wachsen. Ihre Liebesfähigkeit erstarkte an der Seite ihres Königs. Ihre Treue und Hingabe festigten ihr Herz. Gott liebte es, seinen Stern erstrahlen zu sehen.

Dann kam die Zeit, in der auch der Welt die Leuchtkraft seines Sterns nicht mehr verborgen bleiben sollte.

Gott entzündete dazu zunächst das Licht Mordechais. Seine Wahrheitsliebe liess ihn eine Verschwörung, von der er Wind bekommen hatte, dem König anzeigen. Seine Verdienste wurden im Buch der täglichen Meldungen des Königs aufgezeichnet.

Seine Standhaftigkeit und Treue liessen ihn bald darauf, sich nicht vor Haman, dem neuen Günstling des Königs niederwerfen. Mordechai war nicht bereit, sich vor einem anderen als vor seinem Gott zu beugen.

Zunächst schien es, als sei dies alles geschehen, damit das Volk der Juden gänzlich ausgelöscht würde. Haman erwirkte ein Gesetz des Königs, dass alle Juden am dreizehnten Tag des zwölften Monats umgebracht werden sollten. Jeder durfte an diesem Tag seine jüdischen Nachbarn töten und ausplündern.

Es war ein grosses Weinen und Klagen unter den Juden im ganzen Land. Ihre Tränen aber klärten den Himmel an dem Gott den Stern der Juden aufgehen lassen wollte.

Mordechai liess Ester über einen ihrer Diener benachrichtigen und forderte sie auf, vor den König zu treten, ihn anzuflehen und Fürbitte für ihr Volk zu tun.

Ester stockte der Atem, als sie diese Aufforderung übermittelt bekam. Das war gefährlich. Sehr gefährlich. Am Hof herrschten genaue Regeln darüber, wer wann vor dem König erscheinen durfte. Sie wollte ihren König nicht vor den Kopf stossen. Sie wusste, dass sie ihm nicht den gebotenen Respekt entgegenbrachte, wenn sie einfach so – ohne von ihm gerufen worden zu sein – vor ihn kommen würde. Sie würde damit vor seinem Hofstaat den Anschein wecken, dass sie über ihren Mann herrsche. Das wollte sie nicht. Auf keinen Fall. Sie wollte ihren Mann nicht blamieren. Dazu liebte sie ihn viel zu sehr.

Gleichzeitig wusste sie, dass die Hoffnung ihres ganzen Volkes auf ihr ruhte. Wenn sie nicht für die Juden eintrat, dann würde es niemand tun. Alleine sie konnte die Vernichtung ihres Volkes noch aufhalten.

Ester liess ihre Bedenken Mordechai übermitteln. Seine Antwort weckte sie auf. Er fragte sich, ob Ester nicht gerade um dieser Zeit willen zur königlichen Würde gekommen sei.

Ester schlug die Augen auf. Wie wenn sie aus einem langen Schlaf aufgewacht wäre. Sie erinnerte sich an ihre Kindheitsträume – und merkte, dass sie nun nicht mehr träumte. Sie war aufgewacht und fand sich mitten in ihrem Traum wieder. Sie lebte ihren Traum! Und sie merkte es erst jetzt! Sie war hier, um die grosse Retterin ihres Volkes zu werden. Sie hatte sich alles so ganz anders vorgestellt, dass sie lange nicht gemerkt hatte, dass sie keinen Augenblick in ihrem Leben vom Weg abgewichen war, den ihr Traum ihr gewiesen hatte. Sie war hier, um ihr Volk zu befreien! Das wollte sie tun – selbst wenn es sie ihr Leben kosten würde! Nichts würde sie davon abhalten.

Aber um ihr Volk zu befreien, brauchte sie ihr Volk. Die Juden mussten sich hinter sie scharen, wenn sie sie in die Freiheit führen sollte. Sie liess Mordechai auffordern, die Juden zu versammeln, damit sie gemeinsam für ihre Befreiung fasten und beten sollten. Gleichzeitig wollte sie im Palast mit ihren Dienerinnen fast und beten – und dann würde sie vor den König treten. Ester wollte die Juden miteinander vereinen – nicht in der Angst, sondern in der Hoffnung. Sie sollten miteinander ihre Hoffnung auf ihren Gott setzten. Und dann würde sie aufstehen und tun, wozu Gott sie berufen hatte.

Endlich waren die beiden Seiten in Ester eins geworden. Sie war die Frau ihres Mannes – und sie war der Stern ihres Volkes. Nun musste sie nicht mehr einen Teil ihrer selbst vor ihrem Mann verbergen. Jetzt konnte sie so vor ihn treten wie sie war: voll Liebe zu ihm und voll Liebe zu ihrem Volk.

Und so trat sie vor den König. Dieser schaute ihr entgegen. So hatte er seine Königin noch nicht gesehen. Sie hatte schon immer gestrahlt – aber nun leuchtete sie wie ein heller Stern. Die Liebe zu ihrem Volk, die in ihr wieder neu entfacht worden war, vereinte sich mit dem Feuer der Liebe, die sie für ihn empfand. Der König wurde beinahe geblendet von so viel Leuchtkraft. Er streckte ihr sein Zepter entgegen als Zeichen dafür, dass sie vor ihn kommen dürfe. Sie trat hinzu und berührte die Spitze des Zepters. Nun war alles gut. Was auch immer sich hätte zwischen sie und ihrem Mann drängen können, war überwunden. In diesem einen Augenblick. Ihre Liebe hatte dem Speer die Spitze genommen. Der König würde sich nicht gegen sie wenden. Sie waren miteinander verbunden. Tiefer als jemand das ahnen konnte.

Esther:

Ich habe meinen Mann nicht gleich überschüttet mit meinen Bitten und Forderungen. Das hätte ich gar nicht gekonnt. Als ich ihn sah, da wünschte ich mir nichts sehnlicher, als mit ihm Zeit zu verbringen. Wir hatten uns schon über dreissig Tage nicht mehr gesehen, was bei den Aufgaben meines Mannes nicht verwunderlich war. Aber wir beide merkten in dem Moment, als ich die Spitze seines Zepters berührte, wie sehr wir uns beide brauchten. Wir hatten uns mehr vermisst, als uns das all die Wochen hindurch bewusst gewesen war. Ich wollte mit ihm zusammen sein.

In den Jahren hier am Hof hatte ich gelernt, wie gemeinsames Essen einander verbinden konnte. Ich konnte mich noch erinnern, wie ich mich anfänglich gegen die üppigen Mahlzeiten aufgelehnt hatte. Wie ich mich nach Brot und Milch meiner Kindheit zurück gesehnt hatte. Aber an der Tafel meines Mannes hatte ich das Essen zu geniessen gelernt. Hier hatte er Zeit für mich. Beim Essen musste er nicht arbeiten. Er genoss es so sehr, wenn er mich verwöhnen konnte mit Köstlichkeiten, von denen ich noch nie gehört hatte. Er liess mich riechen, schmecken, probieren. Mein Geschmack begann sich auszubilden. Ich konnte meine Freude über einen feinen Bissen mit ihm teilen. Wir beide liebten scharfe Gewürze und süsse Nachspeisen. Mein Mann hat mich essen und es geniessen gelernt. Wir liebten es beide miteinander zu Tisch sitzen zu können. Ich hatte mit der Zeit auch meine Angst davor überwunden, zuzunehmen. Mein Körper wurde weicher, runder. Aber mein Mann strich mit solch zärtlichen Blicken über meinen Körper hin, dass ich mich unendlich wohl fühlte. Ich sah seine begehrlichen Blicke und wusste, dass ihm mein Körper gefiel. Und so lernte ich, meine eigene Schönheit mit seinen Augen zu entdecken. Dies alles kam mir in den Sinn, als ich die Spitze des Zepters meines Mannes berührte. Daher zögerte ich denn auch keinen Augenblick, als er mich fragte, was ich vorzubringen habe. Ich lud ihn zu einem Mahl ein. Zudem sollte auch Haman zu dem Essen kommen. Vielleicht konnten wir ja reden miteinander.

Ich hatte meinem König ein Mahl bereitet wie noch nie zuvor. Alles in mir sehnte sich danach, ihn zu verwöhnen. Wir genossen diesen gemeinsamen Abend über alle Massen. Beinahe vergassen wir, dass Haman auch noch mit uns zu Tische sass. Nein, ich wollte diesen Abend nicht verderben mit Diskussionen über ein Thema, das meinen Mann stressen musste. Ich wollte ihm diesen Abend schenken. Ich konnte ihn ja morgen Abend nochmals einladen.

Ich wusste zu diesem Zeitpunkt noch nicht, wie gross der Hass Hamans gegen meinen Pflegevater Mordechai und gegen mein Volk war. Am selben Nachmittag, als ich das zweite Mahl für meinen König und Haman vorbereitete, liess Haman einen Galgen errichten, an dem er Mordechai erhängen lassen wollte. Während ich die Fahne der Juden am Hochziehen war, richtete er einen Galgen auf, an dem er die Juden bluten lassen wollte.

Aber mein Pflegevater Mordeachai sollte nicht hängen.

Gott liess in dieser Nacht meinen Mann nicht schlafen. Unruhig wälzte er sich im Bett hin und her. Er merkte, dass etwas im Gange war. Er überlegte und grübelte. Dann liess er sich aus den alten Büchern mit den täglichen Meldungen vorlesen. Vielleicht würde er durch irgendeinen Hinweis merken, was hier vorging. Gott fügte es, dass dem König vorgelesen wurde, wie Mordechai damals die Verschwörung gegen den König aufgedeckt hatte. Voll Dankbarkeit dachte der König an diesen Mann zurück. War er eigentlich geehrt worden für seinen Dienst? Gleich am Morgen würde er dem nachgehen. Irgendwie hatte ihm diese alte Geschichte die Ruhe zurückgegeben. Nun konnte schlafen.

Am Morgen liess er Haman kommen und fragte ihn, wie er finde, müsste ein Mann geehrt werden. Da Haman überzeugt war, dass der König ihn ehren wollte, schlug er ihm einen Triumphzug durch die Stadt vor in königlichen Kleidern, auf einem königlichen Pferd und in königlichem Schmuck. Wie war Haman entsetzt, als er erfuhr, dass er genau diese Ehrung, die er sich selber auf den Leib schreiben wollte, nun seinem Feind Mordechai zukommen lassen musste. Gott sorgte dafür, dass Mordechai die Ehre zukam, die ihm gebührte. Mordechai wusste kaum, was ihm geschah. Aber er begann zu ahnen, dass Gott einen Siegeszug für sein Volk am Vorbereiten war.

Der Siegeszug begann am Abend beim Mahl der Königin. Es war ein Siegeszug der Liebe.

Esther:

Die Liebe zu mir liess meinen Mann erschaudern, als er hörte, dass mein Volk vernichtet werden sollte. Er bebte vor Zorn gegen denjenigen, der mein Volk auslöschen wollte. Als ich ihm eröffnete, dass Haman der Feind meines Volkes war, übermannte ihn der Zorn. Er ging hinaus in den Garten. Wie ich ihn liebte für seine Umsicht. Ich wusste, dass mein Mann niemals eine Entscheidung aus dem Zorn heraus fällen würde. Er brauchte Zeit und Raum und frische Luft, um sich zu beruhigen, einen klaren Kopf zu bekommen, nachzudenken. Voll Liebe schaute ich ihm nach, als er den Raum verliess.

Während mein Mann draussen war, warf sich Haman vor mir nieder. Er flehte um sein Leben.

Der König kam zurück und sah Haman zu meinen Füssen liegen. Er hatte Angst, Haman könnte mich bedrängen. Das war der letzte Anstoss dafür, gegen Haman in aller Härte vorzugehen.

Haman wurde erhängt an dem Galgen, den er für meinen Pflegevater aufgerichtet hatte.

Ich war erschüttert von diesem Abend. Die Liebe meines Mannes hatte mir so wohl getan. Aber es tat mir unendlich weh, dass die Liebe zu meinem Volk dazu geführt hatte, dass Blut vergossen werden musste. So hatte ich mir die Befreiung meines Volkes nicht vorgestellt.

Es musste sogar noch viel mehr Blut vergossen werden. Ich habe jeden Tropfen Blut mit meinen Tränen bezahlt. Wie habe ich geweint in jenen Tagen. Der König konnte sein Gesetz zu dem ihn Haman veranlasst hatte, nicht einfach widerrufen. Die Juden würden am dreizehnten Tag des zwölften Monats der Mordlust und der Raubgier ihrer Nachbarn ausgesetzt sein. Das liess sich nicht mehr rückgängig machen. Der König gab meinem Volk aber die Erlaubnis, sich zu wehren und an diesem Tag ihr Leben zu verteidigen.

Ich hörte die Schreie an jenem Tag. Überall in der Stadt und im ganzen Land metzelten sich die Leute gegenseitig nieder. Die Juden waren stark. Sie wehrten sich. Das Blut floss in Strömen. Dabei zerrann auch mein Traum. So wollte ich nicht mehr die Führerin meines Volkes sein. So sah die Befreiung nicht aus, die ich mir vorgestellt hatte.

Ich fühlte, wie auch Gott weinte. Ach er hatte sich all das Blutvergiessen nicht gewünscht. Aber er hatte es zugelassen. Um unser Leben zu sichern. Und um neue Träume in uns zu wecken. Niemand mehr von meinem Volk träumte davon, die Feinde zu vernichten und sich die Freiheit mit Blut zu erkaufen.

Ich begann davon zu träumen, mit meinem Volk zusammen Feste feiern zu dürfen. Wie das Fest, das ich mit meinem Mann zusammen gefeiert hatte. Wenn es jemals Freiheit gab, dann war es die Freiheit sich zu freuen und gemeinsam das Leben zu geniessen. Ich wünschte, dass mein Volk sich wieder freuen konnte Ich begann mich danach zu sehnen, mit ihnen zusammen feiern zu dürfen. Ich träumte von geteilter Freude.

So entstand das Purim-Fest. Mordechai und ich forderten die Juden auf jedes Jahr den Tag ihrer Befreiung miteinander zu feiern. Nie mehr Blut vergiessen – das Leid sollte in Festtage verwandelt werden.

Ich bin nicht mehr das wilde Mädchen, das ich einstmals war. Ich träume nicht mehr davon, an der Spitze meines Volkes, dieses in die Freiheit zu führen. Gott hatte mir damals diesen Traum geschenkt, damit ich bereit war an dem Tag, wo es um das Überleben meines Volkes ging, mein eigenes Leben für mein Volk zu riskieren. Gott liess meine alten Träume im Blut des dreizehnten Adars untergehen. Er schenkte mir einen neuen Traum: den Traum von dem Fest. Ich träume nun, dass wir eines Tages zu Tische sitzen werden – ich, mein Mann, mein Volk – dass wir alle zusammen in Ewigkeit vor meinem Gott feiern werden. Ich träume davon, dass es kein Blutvergiessen mehr geben wird, kein Leid, kein Geschrei, kein Schmerz. Ich träume davon, dass der Tod nicht mehr sein wird - nur noch die Liebe! Dass Gott alle unsere Tränen abwischen wird. Dass wir uns freuen werden und fröhlich sein. An dem Tag, den der Herr macht. Der Tag wird kommen. Ich weiss es. Auch wenn ich es jetzt noch nicht sehe. Ich werde meinen Traum nicht mehr vergessen. Ich habe erlebt, wie Gott mir einen Traum geschenkt hat und in nie vergessen hat – selbst in Zeiten, als ich selber den Traum nicht mehr träumte. Meinen neuen Traum will ich nicht mehr vergessen. Diesen Traum nicht. Ich träume ihn zusammen mit Gott. Bis ganz am Schluss. Bis wir aufwachen und unseren Traum leben werden. Bis wir das grosse Fest der Ewigkeit feiern werden.

Sara

Sarai:

Lange habe ich es nicht verstanden. Gar nichts habe ich verstanden. Ausser dass ich Abram liebte. Das wusste ich schon immer. Er war mein Halbbruder, um einiges älter als ich. Als ich ein kleines Mädchen war, da war er bereits ein junger Mann. Wie ich ihn bewunderte. Er war so wunderschön, so stark und so lieb zu mir. Immer scherzte er mit mir. Oft strich er mit seiner rauen, kräftigen Hand über mein weich gelocktes Haar. Ich hob dann jeweils mein Antlitz und strahlte ihn an. Er war mein Ein und Alles. Mein Vater Tharah war bereits ziemlich alt bei meiner Geburt. Vor ihm fürchtete ich mich. Abram war mir Vater und Bruder zugleich. Bei ihm suchte ich Trost und Zuflucht. Bei ihm holte ich mir Rat und Ermutigung.

Dann kam der Tag, an dem Abram mir mehr wurde als Vater und Bruder. Ich wurde seine Frau. Das war nachdem mein anderer grosser Bruder Haran gestorben war. Wochen lang war unser ganzes Haus wie erstarrt nach dem Tod von Haran. Unser Vater Tharah litt unsäglich. Haran war sein liebster Sohn gewesen. Nun war er tot. Niemand konnte es fassen. Niemand begriff richtig, was eigentlich geschehen war. Wir waren alle wie gelähmt vor Schock. Haran und seine Frau war beide zusammen bei einem Unfall ums Leben gekommen. Von einem Moment auf den anderen wurde ihr Leben ausgelöscht. Mein Vater Tharah schrie vor Verzweiflung, als ihm die Nachricht überbracht wurde, dass sein Sohn tot sei. Er erholte sich nie mehr von diesem schrecklichen Ereignis. Etwas in ihm zerbrach. Seine anderen Söhne, Abram und Nahor, taten zwar alles, was sie nur konnten, um ihn zu trösten. Aber es nützte nichts. Thara wollte sich nicht trösten lassen. Abrams Heirat mit mir entsprang ebenfalls dem Bedürfnis Abrams, seinem Vater wieder neue Hoffnung zu schenken. Er dachte, wenn sein Vater sehen würde, dass seine Familie zueinander stand, dass sie wuchs und gross und stark wurde, dann würde sein Lebenswille wieder aufgeweckt. Aber dieser Plan misslang gründlich. Insbesondere als dann auch noch deutlich wurde, dass ich keine Kinder bekommen konnte. Ich fühlte mich als Versagerin. Wir alle fühlten uns so. Wir schafften es nicht, unseren Vater wieder aufzuheitern. Wir schienen alle wie Luft für ihn zu sein. Wir zählten nicht. Anscheinend hatte nur Haran ihm etwas bedeutet. Meinen Bruder Nahor machte die Jahre lange Trauer unseres Vaters langsam wütend. Er ertrug die triste Atmosphäre in unserem Haus immer schlechter. Er wurde aggressiv. Ständig suchte er Streit. Es wurde immer unaushaltbarer bei uns zu Hause. Da wir alle unter einem Dach lebten, konnte man sich nur schwer aus dem Weg gehen. Nicht einmal mehr meine Liebe zu Abram konnte ich geniessen. Ein Nebel von Trauer lag über allem. Man schämte sich für jedes Lächeln und jedes kleine Glück, weil es dem Kummer meines Vaters nicht angemessen erschien.

Deshalb war es für uns alle, wie wenn endlich wieder die Sonne aufginge, als mein Vater eines Morgens völlig unerwartete verkündigte, dass wir von Ur wegziehen würden. Endlich wieder ein Schimmer Hoffnung. Vielleicht würde die Trauerzeit ein Ende haben und wir würden wieder leben dürfen. Mein Bruder Nahor wollte nicht mit uns ziehen. Er war gottenfroh, dass er nun nicht mehr mit seinem Vater unter einem Dach würde leben müssen. Er blieb in dem Haus, das wir in Ur bewohnt hatten. Abram und ich begleiteten unseren Vater. Auch Harans kleiner Sohn, der nach dem Tod seiner Eltern zur Waise geworden war, kam mit uns. Ich war so aufgeregt an dem Tag, an dem wir los zogen. Ich strahlte Abram an, so wie ich es als kleines Mädchen so oft getan hatte. Und er lächelte zurück. Endlich durften wir wieder lächeln. Noch getraute sich niemand in grosse Freude auszubrechen. Aber sie keimte in unseren Herzen auf. Es fühlte sich an wie Frühling.

Unser Vater Tharah kündigte uns an, er wollte mit uns bis nach Kanaan ziehen. Wir stellten uns also auf eine sehr lange Reise ein. Grosse Teile unseres Besitzes nahmen wir mit. Schafe, Esel, Kamele, Knechte, Mägde – mein Vater war ein reicher Mann und das sah man unserem Reisezug an. Mein Herz pochte vor Aufregung. Ich sass auf einem Esel, als wir aufbrachen. Abram schritt neben mir her. Immer wieder warf ich ihm einen fröhlichen Blick zu. Alles lag nun hinter uns – die Trauer, die endlosen, erfolglosen Versuche ein Kind zu bekommen, das Gefühl des Versagens. Wir konnten nochmals ganz neu beginnen. Vielleicht würde ich ja doch noch schwanger werden. Nun würden Abram und ich endlich Raum haben und die Freiheit, unsere Liebe zu leben und zu geniessen. Vielleicht war es ja diese dumpfe Atmosphäre gewesen, die mich unfruchtbar gemacht hatte. Diese ständige Trauer hatte alles Leben erstickt. Aber nun würde es aufkeimen können. Nun würde alles gut werden. So dachte ich am Tag unserer Abreise. An dieser Hoffnung hielt ich mich fest bis wir nach Haran kamen. Haran – eine Stadt mit demselben Namen, wie ihn unser verstorbener Bruder gehabt hatte. Die Vergangenheit holte uns wieder ein. Und mit einem Mal wussten wir, dass unsere Vater Tharah nie nach Kanaan hatte gehen wollen. Er wollte nach Haran. Er wollte wenigstens etwas von unserem toten Bruder zurück haben. Er klammerte sich an diesem Namen fest. Haran. Es gab für ihn nichts anderes mehr. Als mir bewusst wurde, wo wir angekommen waren, fühlte ich mich, als wäre die Gittertür eines Gefängnisses hinter mir herunter gelassen worden. Wir waren Gefangene. Dieser Tote würde uns nie freigeben. Die ganze lange Reise von Ur bis Haran hatte uns keinen Millimeter weiter gebracht. Wir waren noch am genau gleichen Ort wie zuvor. Es hatte sich nicht verändert.

In den nächsten Tagen merkten wir allerdings, dass sich doch etwas geändert hatte. Mein Vater war hier her gekommen, um zu sterben. Die ganzen letzten Jahre hatte er nur noch vor sich hin vegetiert. Nun hielt ihn nichts mehr im

Leben zurück. Es war, als hätte er diese Reise machen müssen, um Haran noch einmal zu begegnen. Nun war er in Haran angekommen. Er wollte sich im Tod mit ihm vereinigen. Tharah lebte nur noch wenige Wochen.

Nun standen wir da. Die Tür des Gefängnisses schien aufgetan. Aber wohin sollten wir gehen? Wir hatten schon so lange in diesem Käfig gelebt – konnten wir denn überhaupt noch fliegen? Wie verschüchterte Vögelchen rückten wir in den Tagen nach dem Tod Tharahs zusammen.

Aber dann sprach Gott zu Abram. Er forderte ihn auf hinaus zu gehen, das Haus seines Vaters endgültig hinter sich zu lassen. In ein neues Land zu ziehen.

Es war des Nachts, als Gott mit meinem Mann sprach. Ich wusste nichts davon. Aber ich erkannte am nächsten Morgen, dass da ein neuer Mann an meiner Seite stand. So voll Mut und Freude und Tatendrang hatte ich ihn noch nie gesehen. Nicht einmal damals, als wir noch Kinder waren, strotzte Abram so von Kraft. Ich staunte. Ein bisschen erschreckte es mich auch, dass ich meinen Mann kaum wieder erkannte. Aber seine Hoffnung steckte mich an. Ich hatte mich so lange schon gesehnt nach diesem Neuanfang. Schon beim Auszug aus Ur. Nun schienen wir nochmals eine neue Chance zu bekommen. Nochmals ein neuer Anfang. Nochmals ein Auszug. Nun mussten wir nicht mehr Tharah folgen. Nun hatte mein Mann die Führung übernommen. Und irgendetwas schien mit ihm geschehen zu sein – auf jeden Fall wusste er auf einmal ganz genau, was er wollte. Ich war bereit ihm zu folgen. Wohin sonst hätte ich auch gehen sollen? Ich liebte Abram. Ich hatte immer an dieser Liebe festgehalten. Ich würde dorthin gehen, wo er hin ging. Mehr habe ich zu diesem Zeitpunkt nicht verstanden. Nicht wer Abrams Gott war. Nicht dass sein Gott auch mein Gott war. Nicht dass es dieser Gott war, der das Band der Liebe zwischen mir und meinem Mann geknüpft hatte. Nicht, dass es dieser Gott war, der uns voran ging. Gar nichts habe ich verstanden. Nur dass ich Abram liebte. Das wusste ich schon immer.

Abram:

Gott sprach zu mir. Es war des Nachts beim ersten Mal. Wir waren noch in Haran. Mein Vater Tharah war eben gestorben. Ich wusste weder ein noch aus. Was sollte ich nun tun? Sollte ich zurück in unsere Heimatstadt nach Ur? Aber das würde meinen Bruder Nahor bestimmt nicht freuen. Er hatte sich das Haus unseres Vaters in Ur unter den Nagel gerissen und war mit Sicherheit nicht willens, es mit mir zu teilen. Dabei ging es mir überhaupt nicht ums Geld. Geld und Besitz hatte ich mehr als genug. Ich war ein sehr geschickter Geschäftsmann. Auch hier in Haran hatte ich es geschafft, unseren Besitz beträchtlich zu vermehren. Mein Vater hatte mir schon lange freie Hand gelassen beim Geschäftetreiben und es hatte ihm wahrlich nicht zum Nachteil gereicht. Nun war Vater tot. Was sollte ich bloss tun? Hier in Haran wollte ich nicht bleiben. Ich ertrug den Namen dieser Stadt nicht. Immer wieder erinnerte er mich an meinen toten Bruder, der den gleichen Namen getragen hatte. Ich wollte endlich vergessen können. Auch all die langen Jahre der Trauer, die mein Vater um meinen Bruder getragen hatte. Es war genug. Genug der Düsternis um uns herum. Meine kleine, geliebte Sarai würde sonst noch daran zugrunde gehen. Sie brauchte Liebe. Sie brauchte ein Lächeln. Sie braucht Fröhlichkeit. Endlich wollte ich sie mit all dem beschenken, was sie in den letzten Jahren so vermisst haben musste. Ich wollte meine Sarai glücklich machen. Aber wie? Wie nur? Wo mussten wir hin, um Frieden zu finden?

Dann hörte ich diese Stimme in der Nacht. Es war sonnenklar: Da wollte jemand, dass ich weiter ziehe. Alles hinter mir lasse. Weg gehe von allem, was mir bekannt ist. Die Stimme kam mit Sicherheit nicht aus mir. Sie kam von ausserhalb. Denn ich bin alles andere als wagemutig. Meine Stärke ist mein klares, scharfsinniges Denken. Ich kann alles haargenau berechnen und jedes

Detail in Erwägung ziehen. Daher auch mein Erfolg als Geschäftsmann. Ich sehe weiter, als die meisten. Ich kann einschätzen, wie der Markt sich entwickelt. Mein Intellekt ist einer der besseren Sorte. Aber niemals würde ich ins Ungewisse hinaus etwas wagen. Wenn ich nicht ein klares Ziel vor Augen habe und den Weg dahin genau berechnen kann, dann tue ich keinen Schritt. Niemals. Bis zu dieser Nacht. Da war diese Stimme, die zu wissen schien, wie mein Leben weiter laufen solle. Da schien jemand einen Plan für mich zu haben, von dem ich kaum den Schimmer einer Ahnung hatte. Wer auch immer das war – er hatte nicht vor, mir diesen Plan zu erläutern und ihn mit mir zusammen durchzusprechen. Ich fühlte nur ganz genau: dieser jemand hat einen Plan – er kennt dich und dein Leben durch und durch – und entweder du gehst nun das Risiko ein, den Weg zu gehen, der dieser jemand dir weist – oder du bist morgen gleich weit, wie du es heute warst. Vieles – beinahe alles in mir sträubte sich diesen Weg einzuschlagen. Aber bleiben wo ich war, das wollte ich auch nicht. Zumindest das wusste ich. Und einen eigenen Plan hatte ich nicht. Auch das war mir klar. Also kämpfte ich an gegen mein eigenes Sicherheitsbedürfnis und willigte innerlich ein dieser Stimme Gehör zu schenken. Das geschah alles in jener Nacht.

Am Morgen wachte ich auf. Nie zuvor hatte ich mich so stark und frei gefühlt. Ich musste mir nun nicht mehr den Kopf zerbrechen, wie es weiter gehen sollte. Ich musste einzig und allein aufbrechen. Sarai schaute mich voll Erstaunen an, als ich ihr beim Frühstück verkündigte, dass wir uns für eine lange Reise rüsten würden. Sie fragte mich sogleich, wohin wir denn gingen. Ich antwortete ihr, dass ich das noch nicht so genau wüsste. Sie schaute mich an, als ob sie mich noch nie gesehen hätte. Und es stimmte ja auch. Diesen Mann hatte sie noch nie gesehen. Etwas war völlig neu in mir. Ich spürte es selber. Ich lächelte Sarai an und zuckte mit den Schultern, als wollte ich sagen: „Ich weiss doch auch nicht, was da mit mir geschehen ist". Mein Lächeln genügte ihr. So lange hatte sie dieses Lächeln missen müssen. Meinem Lächeln würde sie überall hin folgen. Wie froh war ich über ihre Anhänglichkeit. Wie froh war ich, dass ich an diesem Morgen keine weiteren Fragen zu beantworten brauchte. Ich wusste selber noch kaum, was mit mir geschehen war – was hätte ich Sarai auch sagen sollen. Vielleicht hätte ich versuchen sollen, es ihr zu erklären. Vielleicht hätte ich ihr von der Stimme erzählen sollen. Vielleicht wäre vieles für sie einfacher geworden, wenn sie gewusst hätte, dass etwas völlig Neues in unser Leben getreten war. Andererseits merkte sie dies ja auch so. Und meine Worte hätten niemals gereicht, um auch nur annähernd mein Erlebnis in dieser Nacht wiederzugeben. Alle Worte schienen mir platt und weit hinter dem zurück zu liegen, was mir in dieser Nacht begegnet war. Ähnlich wie ich niemals jemandem vollständig meine Liebe zu Sarai hätte erklären können. Wie kann man eine Begegnung beschreiben, die so tief und intensiv ist, dass die Welt um einen herum kaum mehr real erscheint? Wie kann man etwas beschreiben, neben dem alles, was man kennt an Bedeutung verliert? Da reichen die Worte, die man kennt eben nicht mehr aus. Nein, ich fand keine Worte, mit denen ich Sarai diese Nacht hätte schildern können. Schweigen schien mir da beredter, als alles Reden.

Sarai:

Gab das ein Durcheinander und einen Lärm, als mein Mann den Befehl zum Aufbruch gab. So vieles musste gepackt werden. Unsere gesamte Dienerschaft war am Rennen und Schuften. Ich stand da. Völlig verwirrt und wusste kaum mehr, was vorne und hinten war. Ich fühlte mich total überfordert. Ich hatte keinen Schimmer, wo ich mit anpacken sollte. Ich war innerlich noch gar nicht darauf eingestellt, überhaupt aufzubrechen, geschweige dann, dass ich in dieser kurzen Zeit hätte überlegen können, was bei einem solchen Schritt zu tun wäre.

Ich stand an diesem Tag wohl eher im Wege, als dass ich mich nützlich gemacht hätte. Unsere vielen Leute schafften es tatsächlich, innerhalb von kürzester Zeit reisebereit zu sein. Abram hatte mit den Knechten beste Reisekamele angeschafft. Die Mägde hatten Vorräte eingepackt. Wasserschläuche waren gefüllt worden. Mein Mann Abram hatte mit viel Umsicht und in Windeseile entschieden, was von unserem Besitz eingepackt werden sollte und was er verkaufen wollte. Ich kam nicht nach, bei allem, was um mich herum geschah. Nur Abrams Lächeln nahm ich war. Immer wieder. Wenn er an mir vorbei eilte, warf er mir jedes Mal dieses Lächeln zu. Das beruhigte mich dann wieder so lange, bis er mir sein nächstes Lächeln schenkte.

Dann kam die letzte Nacht in Haran vor unserer Abreise. Ich war so nervös, dass ich beinahe kein Auge zu tun konnte. Immer wieder erwachte ich. Alles in mir zitterte und bebte. Tausend Fragen trieben mich um. Wohin würden wir gehen? Wie würde unser Leben aussehen? Was lag alles vor uns? Was würde aus uns werden? Abram schlief ruhig an meiner Seite. Es schien, als sei es für ihn das Selbstverständlichste der Welt, in ein neues Land und in ein völlig neues Leben aufzubrechen. Woher nahm er bloss diese Gelassenheit?

Am Morgen war ich müde und erschöpft. Am liebsten wäre ich gleich wieder unter die Decke gekrochen. Ich hatte kaum genug Energie, um auf den Rücken des Esels zu steigen, den Abram für mich bereithielt. Abram strich mir sanft mit seiner Hand über mein Haar und meinen Rücken. Er half mir aufzusitzen. Sagte mir, dass ich wunderschön sei und er stolz auf mich sei. Ich fühlte mich alles andere als schön. Ich kam mir uralt vor und die Angst liess mich in mich zusammen sinken. Ich sass auf dem Esel wie ein Sack Mehl. Aber ich hatte nicht die Kraft meinen Rücken gerade aufzurichten. Also liess ich mich vom Rhythmus meines Reittiers hin und her schaukeln. Schon nach wenigen Stunden konnte ich mich kaum mehr auf dem Rücken des Esels halten. Immer wieder streifte mich ein besorgter Blick Abrams. Er sah, dass es mir nicht gut ging. Er sah, wie ich mit mir zu kämpfen hatte. Und ich sah in seinen Augen, dass es ihn schmerzte, mich so zu sehen. Bei einer kurzen Rast flüsterte er mir zu, dass es ihm unendlich leid tue, dass er mir diese Reise zumute. Erschöpft lächelte ich zurück. Sein Mitfühlen tat mir wohl. Aber ich wurde dadurch nicht stärker. Schon nach dem ersten Reisetag, war ich mit meinen Kräften so am Ende, dass ich am liebsten keinen einzigen Schritt mehr getan hätte. Aber das war ja erst der Anfang gewesen. Nachdem wir den ganzen Tag unterwegs gewesen waren, mussten nun die Zelte aufgeschlagen werden. Ein Nachtmahl musste vorbereitet werden. Halb tot sank ich am späten Abend zu Bett. Trotz aller Müdigkeit konnte ich aber wieder nicht richtig schlafen. Die Fragen, die mich in der Nacht zuvor umgetrieben hatten, holten mich wieder ein. Sie hatten sich noch verschärft. Wohin gingen wir eigentlich? Was sollte das alles? Wie würde unser Leben aussehen? Ging das jetzt immer so weiter? Als ich am Morgen meine Sorgen mit Abram teilte, versuchte er meine Bedenken wegzuwischen. Er sagte mir, dass ich mich schon an das Reisen gewöhnen würde. Das seien nur die ersten Tage, die hart seien. Nachher würde alles einfacher. Aber es wurde nichts einfacher. Ich gewöhnte mich nicht daran. Das Reisen war mir eine Qual. Meine Kräfte schwanden immer mehr. Ich war nur noch ein Schatten meiner selbst. Nicht einmal mehr essen mochte ich. Ich war viel zu erschöpft und zu unruhig dazu. Tagelang ging diese Qual. Jeden Tag dieselbe Prozedur: am Morgen frühstücken, Zelte zusammen räumen, aufbrechen, Stunden langes Gehen oder Reiten, am Abend Zelte wieder aufschlagen, Abendessen kochen, schlafen. Ich fragte mich jeden Tag, wie lange das denn noch gehen soll. Ich wünschte mir nur eins: dass wir endlich ankommen würden. Aber wo? Abram wusste ja selber nicht genau, wo wir eigentlich hin wollten! Genau das war das Schlimme: Ich hatte kein Ziel vor mir. Ich hatte kein Bild, keine Vision, keinen Traum von dem, wohin diese Reise uns führen würde. Hätte ich gewusst, was das alles sollte, dann hätte ich es vielleicht einfacher durchstehen können. Aber so wurde mir jeder Schritt zur Hölle. So konnte ich nicht leben. Abram litt mit mir. Das wollte er mir nicht antun. Gleichzeitig war er absolut überzeugt davon, dass wir diesen Weg gehen müssten. Er liess sich leiten von dieser Stimme, die zu ihm gesprochen hatte. Ich wusste nicht, was ich gegen diese Stimme hätte sagen sollen. Ich wusste ja auch nicht, wohin wir denn sonst gehen sollten. Also ging ich mit. Liess mich treiben. Längst war ich nicht mehr fähig, bei irgendeiner der Arbeiten mit zu helfen. Ich musste froh sein, wenn meine Kraft dazu reichte, mich den Tag über auf meinem Reittier festzuhalten. Ich staunte, woher meine Mägde die Kraft nahmen. Sie gingen den ganzen Weg zu Fuss. Sie kochten am Abend das Essen. Am Morgen bereiteten sie das Frühstück. Sie halfen Abram und den Knechten sogar noch beim Aufstellen und Abbrechen der Zelte. Oft sangen sie bei der Arbeit. Viele von ihnen strahlten. Sie schienen die Reise zu geniessen. Anscheinend war es für sie ein Abenteuer, auf das sie sich voll Lebenslust einliessen. Ich beneidete sie um ihren Mut und ihre Lebensfreude. Ich beneidete sie um ihre Kraft und Jugendlichkeit. Ich beneidete sie darum, obwohl ich selber ja gar nicht viel älter war, als viele von ihnen. Im Gegenteil – einige von ihnen hatten bestimmt schon ein viel längeres Leben hinter sich als die Jährchen auf die ich zurück blicken konnte. Aber ich fühlte mich uralt. Der Neid und die Eifersucht raubten mir noch mehr Energie. Immer besorgter schaute Abram mich an. Und immer bewundernder schaute er meinen Mägden nach. Es zerriss mich beinahe, wenn ich ihn einer von ihnen einen Dank oder ein Lob und ein Lächeln schenken sah. Ich begann Abram eifersüchtig zu beobachten. Keinen seiner Blicke sollte mir entgehen. Ich wollte wissen, was er tat. Wenn er sich an eine meiner Mägde heran machte, dann wollte ich gewarnt sein. Er sollte mich nicht hinter meinem Rücken betrügen können. Ich steigerte mich immer mehr hinein in meine Eifersucht. Und sie raubte mir alles, was ich noch hatte an Lebensfreude. Ich war am Ende.

Da endlich hiess Abram unseren Tross, ein richtiges Lager aufzuschlagen. Nicht nur Zelte und Schlafstätten für eine Nacht. Nun sollten wir bleiben. Für wie lange? Wieder wusste er es nicht. Er konnte mir keine Antworten geben auf meine Fragen. Er wusste selber kaum mehr als ich. Mit dem Unterschied, dass er denjenigen zu kennen schien, der uns diesen Weg führte. Und dass er ihm zu vertrauen schien. Mir war das alles viel zu diffus und zu unsicher. Nun sassen wir also hier in Sichem. Nun gut. Und was machten wir hier? Wieso waren wir hier? Was wollten wir hier? Das Land war bereits besiedelt. Die Kanaaniter lebten in diesem Landstrich. Wir hatten hier nichts zu suchen. Wir waren Fremde. Wir gehörten nicht hier her. Abram machte sich grosse Sorgen um mich.

Abram:

Ich sah, wie meine Frau Sarai litt. Ich sah, wie sie von Tag zu Tag schwächer wurde. Ich sah, wie ihr Mut, ihre Freude, ihre Hoffnung schwand. Ich sehnte mich so sehr danach, ihr Ruhe und Sicherheit zu bieten. Ich wollte sie in meine Arme nehmen und sie beschützen. Aber wir mussten weiter ziehen. Wenn ich auch nicht genau wusste wohin, so war mir doch absolut klar, dass wir diesen Weg weiter gehen mussten. Bis in Sichem. Da hielt ich Sarais Schmerz einfach nicht mehr länger aus. Ich liess ein Lager aufrichten. Wir mussten etwas zur Ruhe kommen. So konnte es nicht mehr weiter gehen. Ich musste meine Frau wieder finden; musste wieder einen Zugang zu ihrem Innern finden. Sonst würde ich sie möglicherweise für immer verlieren. Ich machte mir keine Illusionen. Es ging ihr wirklich schlecht. Aber was sollte ich bloss tun? Ich fühlte mich machtlos. Mehr als eine längere Rast würde ich ihr nicht bieten können. Ein klar definiertes Ziel schon gar nicht. Ich litt darunter, ihr nicht geben zu können, was sie gebraucht hätte.

Da erschien mir der Herr ein zweites Mal. Wieder hörte ich ganz deutlich seine

Stimme. Er versprach mir dieses Land, das da vor uns lag. Dieses Land wollte er mir schenken. Ich war überwältigt von dieser Vorstellung. Dieses wundervolle Land würde einmal meiner Familie gehören, meinen Nachkommen. Es schien mir, als öffne sich der Himmel und ich könnte über die Jahrhunderte hinweg blicken. Ich stellte mir vor, wie meine Kindeskinder dieses Land bevölkern würden. Ich kam mir vor wie in einem Traum. Ich baute dem Herrn einen Altar an der Stelle, wo ich seine Stimme gehört hatte. Ich dankte ihm von ganzem Herzen für das, was er mich hatte sehen lassen. Ich wollte ein Zeichen setzen für diesen Traum. Stein um Stein schichtete ich aufeinander. Genauso – Stein um Stein - würde dieser Traum wachsen, würde aus dem Traum Wirklichkeit werden.

Am Tag darauf nahm ich Sarai mit zu dem Altar, den ich aufgeschichtete hatte. Ich versuchte ihr von dem Traum zu erzählen. Ich versuchte ihr vor Augen zu malen, wie wir dieses Land einnehmen und besitzen würden. Sie hörte mir stumm zu. Ich hatte den Eindruck, als ahne sie etwas von dem, was ich ihr zu beschreiben versuchte. Aber es blieb ein Schleier vor ihrem Angesicht. Der Vorhang riss nicht auf. Es blieb eine Ahnung. Sie sah nicht vor sich, was ich gesehen hatte. Das spürte ich deutlich. Es machte mich unendlich traurig. Hier hatte ich ihr alles schenken wollen: das Ziel, nach dem sie sich sehnte, Ruhe, Sicherheit, Friede. Wir standen nebeneinander. Ganz nahe. Und berührten uns doch nicht. Mein Traum war nicht ihr Traum. Sie konnte nicht über die Grenzen unseres eigenen Lebens hinweg blicken. Sie sah uns, unser Leben, unsere Situation. Sie wollte nicht mit mir über unsere Kindeskinder sprechen. Sie schaute mich nur verständnislos an, als ich ihr Anteil gab an meiner Vision. Dann sagte sie nüchtern: „Dazu bräuchten wir erst einmal ein eigenes Kind. Was sprichst du von unseren Nachkommen? Was redest du da über kommende Jahrhunderte? Wir leben hier und heute. Und heute gehört uns dieses Land nicht.“ Ich verstand, was sie sagte. Ich verstand ihre Skepsis. Wenn sich mir nicht für einen Moment der Himmel aufgetan hätte, hätte ich wohl auch nicht geglaubt, dass dies alles wahr werden könnte. Ich sah auch all die Steine vor uns, die uns im Weg lagen. Ich sah auch, dass dieses Land von einem anderen Volk bewohnt war und wir hier Fremde waren. Und wenn ich nicht die aufgeschichteten Steine vor mir gesehen hätte, als Zeichen dafür, dass die Steine weggeräumt werden können; dass sie aufgeschichtet werden und zum Ort werden können, an dem der Herr uns begegnet- wenn ich nicht am Tag zuvor diesen Altar gebaut hätte, dann hätten mich in diesem Moment wohl auch die Zweifeln eingeholt. Aber so liessen mich Sarais Fragen ganz ruhig. Ich wurde selber zum Stein, zum Fels. Ich nahm Saria fest in dem Arm. Ich küsste sie. Ich sagte ihr, dass ich ihr nicht mehr Sicherheit geben könne als diese hier. Dass ich ihr verspreche, dass ich ihr Fels sein wolle. Dass sie sich an mir festhalten könne. Sarai lehnte sich an mich. Sie liess ihren Tränen freien Lauf. Sie liess sich von mir festhalten. Wieder wusste ich, dass der Traum wahr werden würde.

Wir durchzogen das Land, das unsern Nachkommen einmal gehören würde. Ich staunte wie ein Kind über die Schönheit dieses Landes. Ich blühte immer mehr auf. Noch zwei Mal liess ich meinen ganzen Tross sich für eine längere Pause niederzulassen. Nochmals baute ich dem Herrn einen Altar. Ich nahm das Land in meiner Vorstellung ein. Es würde einmal uns gehören. Immer mehr wuchs die Gewissheit in mir. Schritt für Schritt trat ich auf den Boden des verheissenen Landes. Ich fühlte die Erde unter meinen Füssen. Meine Füsse gruben sich ein ins dieses Land. Ich begann Wurzeln zu schlagen. Ich wuchs in meine Berufung hinein. Ich war der Vater des Volkes, das der Herr hier einmal leben lassen wollte. Der war ich. Darum war ich hier. Meine Füsse, meine Gedanken und Träume sollten dieses Land begehen, beackern. Ich fühlte mich wie der Bauer, der im Frühling über den Boden geht und das Land, das bepflanzt werden soll, in Augenschein nimmt. Mit dem inneren Auge schon die reifen Felder vor sich sehend. In Gedanken strich ich mit meiner Hand über die vollen Ähren, die ich schon dicht an dicht vor mit stehen sah. Freude schwelte meine Brust. Ich war sehr glücklich in dieser Zeit.

Dann kam die Hungersnot. Es war wie wenn der Herr mich Geduld lehren wollte. Ich würde mich bewähren müssen. Ich war bereit dazu. Ich wusste, dass durch diese Bedrängnis mein Traum nicht einfach geplatzt war. Im Gegenteil. Nun begann die Arbeit. So wie das Korn des Bauern auch nicht vom Träumen allein in die Erde kommt. Im Schweisse seines Angesichts muss er die Erde bestellen. Nun galt es für mich, die Hand an dem Pflug zu legen.

Und das hiess zunächst einmal, dass ich meine Familie retten musste. Meine Nachkommen konnten dieses Land nicht einnehmen, wenn meine Familie ausstarb. Ich beschloss mit meinem ganzen Tross nach Äpypten zu ziehen.

Sarai:

Wieder brachen wir auf. Wie oft sollten wir denn noch weiter ziehen? Wäre es nicht das Beste, wir würden bleiben und hier verhungern? Ich hungerte ja sowieso schon so lange. Ich hungerte nach Ruhe, nach Frieden, nach Sicherheit. Ich hungerte nach einer Heimat, nach dem Gefühl angekommen zu sein. Ich hungerte nach einem Ziel, nach Sinn, nach Erfüllung für mein Leben. Ich hungerte nach dem Gefühl, etwas geschafft und erreicht zu haben. Ich verhungerte schon lange beinahe. Diese Hungersnot würde mich und Abram vielleicht wieder näher zueinander bringen. Wenn er auch hungerte, dann hatten wir wenigstens wieder etwas, was wir teilen konnten.

Aber das Gegenteil geschah. Diese Hungersnot schien uns endgültig trennen zu wollen. Abram verriet mich. Er lieferte mich aus. Mein Fels trug nicht mehr. Er wurde nass, glitschig, so dass ich mich nicht mehr an ihm festhalten konnte.

Wegen Abram war ich noch hier. Weil er mein Mann war, blieb ich an seiner Seite. Und nun wollte er mich verleugnen! Der Pharao in Ägypten sollte nicht wissen, dass wir Mann und Frau seien. Er wollte dem Pharao sagen, wir seien bloss Bruder und Schwester. Abram sagte, dass er so unser Leben zu schützen versuche. Mir war absolut schleierhaft, wie diese Verleugnung unser Leben schützen sollte. Für mich war es der Todesstoss. Wenn ich nicht mehr Abrams Frau sein sollte – warum lebte ich denn noch? Warum sollte ich weiterleben hier in der Fremde, wo ich nicht hingehörte, wenn ich keinen einzigen Grund mehr dafür finden konnte? Ich fühlte mich von Abram verraten und verkauft – für einen Traum, der für mich wertlos war. Verkauft – für nichts. Verkauft – für ein Leben, das ich nicht haben wollte. Wozu sollte ich diesen Preis zahlen? War ich denn eine Prostituierte? Abram verkaufte mich, damit er leben konnte – und ich konnte selber sehen, wo ich blieb. Ich lebte hier unter Feinden. Niemand, dem ich trauen konnte. Alle benutzten mich. Wozu sollte ich das alles noch mitmachen?

Abram:

Sarai verstand meine Entscheidung, sie vor dem Pharao in Ägypten als meine Schwester auszugeben überhaupt nicht. Sie hasste mich dafür. Sie hatte den Eindruck, ich verleumde sie; ich verrate unsere Ehe. Dabei wollte ich doch genau diese retten. Ich vermutete, dass der Pharao mich töten lassen würde, um Sarai in seinen Harem aufnehmen zu können. Wenn ich aber tot war, dann konnte ich nichts mehr für Sarai und nichts mehr für unsere Ehe tun. Ich musste versuchen am Leben zu bleiben. Wir mussten beide am Leben bleiben. Unbedingt. Wenn wir nicht am Leben blieben, dann starben nicht nur wir – dann starb der ganze Traum, dann starben die Pläne, die der Herr mir offenbart hatte. Ich sah keine andere Möglichkeit, wie wir beide hätten überleben können, als Sarai verdeckt in den Palast des Pharao gehen zu lassen. Als meine Schwester.

Ich vertraute ihr. Und ich vertraute Gott. Er würde uns einen Weg aus diesem Dilemma bereiten. Ich wusste: meine Frau war stark. Viel stärker als sie manchmal selber vermutete.

Sarai:

Der Pharao liess mich von seinen Soldaten aus unserem Lager holen. Ich wurde in den Palast geführt. Ich stand vor diesem mächtigen Mann, der sich alles kaufen und leisten konnte. Ich trotze ihm. Mein Innerstes verschloss ich vor ihm. Er konnte mich nicht bekommen. Ich würde ihm mein Herz nicht öffnen. Der Pharao schien meine Stärke zu spüren. Es schien, als sei er es nicht gewohnt, einer Frau zu begegnen, die sich ihm nicht zu Füssen oder in die Arme warf. Ich wagte sogar, meinen Blick zu heben. Ich sah ihm direkt in die Augen. Etwas in ihm zuckte leicht zurück. Gleichzeitig entdeckte ich Erstaunen in seinem Blick - und Begehren. Mein Wert wuchs. Ich spürte es von Minute zu Minute. Von Minute zu Minute wuchs auch meine Kraft: Ich kämpfe. Ich lasse mich nicht einfach so verkaufen. Ich weiss wer ich bin. Ich bin die Frau Abrams. Egal was er sagt. Egal ob er hinter mir steht oder nicht. Ich bin trotzdem seine Frau. So schnell gebe ich nicht auf. Dieser Mann hier hat kein Recht darauf, mich zu erniedrigen. Ich würde ihm die Stirn bieten. So lange bin ich wohl kaum einmal vor einem Mann gestanden, Auge in Auge. Wir massen uns. Ich hielt stand. Ich würde seinem Blick nicht ausweichen. Und tatsächlich. Er war der erste, der seinen Blick abwandte. Er rief einem seiner Soldaten zu, dass ich in mein Zimmer geführt werden solle. Das war mein erster Sieg. Etwas in mir begann aufzuwachen. Etwas was lange in mir geschlummert hatte: mein Überlebenswillen, mein Kampfgeist, meine Kraft. Ich spürte, dass ich stärker war, als ich lange Zeit vermutete hatte. Hier, am Hof dieses Königs, wurde ich mir meiner eigenen Ehre wieder bewusst. Ich fühlte mich Abram wieder tiefer verbunden als während unserer ganzen, langen Reise. Wir kämpften Seite an

Seite. Erst jetzt merkte ich das wieder. Es war unser Leben, unsere Ehe, für die wir kämpften! Abram träumte von unseren Kindeskindern. Dazu brauchte er mich, seine Frau. Dazu brauchten wir Kinder. Ich würde kämpfen für das, was Abram nicht tun konnte, um den Traum zu verwirklichen, den Gott ihn träumen liess. Gott musste mich mit ein berechnet haben in diesen Traum. Zum ersten Mal wurde mir das bewusst. Im Haus dieses Königs, wo ich dachte, ich sei als Gefangene hingeführt worden. Hier fand ich meine Freiheit wieder. Die Freiheit zu leben. Die Freiheit zu träumen. Die Freiheit zu kämpfen. Und ich kämpfte. Ich trat dem Pharao gegenüber mit einem Selbstbewusstsein, das ihn überwältigte.

Der Pharao war so beeindruckt von mir, dass er Abram um meinetwillen reich beschenken liess. Ich hörte später davon. Besitz, der meine Familie mir zu verdanken hatte. Ich war wichtig für unser Haus. Ich war wertvoll. All die Schafe, die Ziegen, Rinder, Esel, Knechte und Mägde, Eselinnen und Kamele, die der Pharao uns geschenkt hatte, haben mir das vor Augen geführt. Ich war dem Pharao, ich war Abram, ich war Gott dankbar für diese Hungernot und alles, was in dieser Zeit geschehen war. Ich hatte mich selber wieder gefunden. Ich hatte meinen Mann neu entdeckt und ich hatte Gott kennen gelernt. Am Hof dieses fremden Königs.

Vieles geschah nach dieser Zeit in Ägypten. Aber nichts mehr hatte die Macht, mich und Abram zu trennen. Wir waren eins. Abram stand hinter mir und ich stärkte ihm den Rücken. Er brauchte meine Hilfe – denn der Zusammenhalt in unserer Familie begann zu zerbröckeln. Lot, der Sohn von Abrams Bruder Haran, Lot, den wir als kleinen Jungen bei uns aufgenommen hatten, nachdem sein Vater und seine Mutter umgekommen waren, Lot wurde langsam erwachsen. Er wollte sein eigenes Leben leben. All die Jahre war er mit uns mitgezogen – dankbar, dass er ein Teil unserer Familie sein durfte. Aber nun war die Zeit gekommen, wo er seine eigene Familie gründen wollte. Er hatte viel gelernt von Abram. Auch er war ein tüchtiger Mann geworden, der seinen Besitz zu mehren wusste. Die Schafe und Rinder und Zelte wurden so viele, dass wir einfach nicht mehr alle nebeneinander Platz hatten. Abram wollte es lange nicht wahrhaben. Lot war so etwas wie ein Sohn für ihn. All seine angestaute Vaterliebe hatte er auf Lot übertragen. Er wollte sich nicht trennen von ihm. In diesem Fall sah ich vielleicht klarer als Abram. Ich wusste, dass Lot nicht unser eigener Sohn war und ich wusste, dass es so nicht weiter gehen konnte. Wir brauchten Platz, wir brauchten Raum, damit sich unsere eigene Familie entfalten konnte. Vielleicht hoffte ich, dass es das war, was einer Schwangerschaft im Wege stand. Wenn Lot erstmal weg war, dann würde Abram seine Vaterliebe nicht mehr verschwenden, sondern seine ganze Hoffnung auf einen eigenen Sohn setzen. Dann würde ich vielleicht schwanger werden.

Abram und Lot trennten sich. Ich wurde nicht schwanger.

Ich spürte Abrams Traurigkeit über den Abschied von Lot – und konnte nichts dagegen tun. Ich konnte ihm keinen Ersatz schenken für Lot. Ich fühlte mich so machtlos. Aber ich fiel nicht wieder in dieselbe Lethargie wir vor unserer Zeit in Ägypten. Ich versuchte, nicht wieder in die Spirale der Selbstvorwürfe und der Lebensmüdigkeit hineinzukommen. Ich schrie zu dem Gott Abrams, dass er ihn doch trösten solle. Dass er ihm doch geben solle, was er brauche.

Abram:

Ich sah, wie Sarai mich zu unterstützen versuchte. Ich liebte sie dafür. Ich bewunderte sie dafür, dass sie kämpfte um ihre Selbstachtung. Dass sie festhielt an der Hoffnung auf ein eigenes Kind. Nachdem ich mich von Lot trennen musste, brauchte ich ihre Stärke. Meine eigenen Kräfte schwanden. Immer öfter schaffte ich es kaum, den Blick zu heben. Ich fühlte mich müde und erschöpft - und alt. Ich wusste nicht, dass Sarai den Herrn um Hilfe anflehte. Aber ich erlebte die Hilfe. Gott sagte mir, dass er meine Nachkommen machen wolle wie den Staub auf Erden. Gott hatte meinen zu Boden gerichteten Blick gesehen! Er wollte nicht, dass ich dort am Boden das Grab meiner Träume sah. Der Staub sollte mich nicht an den Tod erinnern. Jedes Sandkorn sollte Hoffnung in mir keimen lassen. Ich war überwältigt. Jeden Schritt, den ich tat, tat ich also auf dem Boden der Hoffnung. Jeden Fuss setzte ich auf das Land meiner Nachkommenschaft. Wie anders trat ich auf nach dieser Zusage. Ich stand wieder. Ich schritt. Ich durchzog das Land. Sarai an meiner Seite. Sie lächelte mich an. Sie spürte, dass Gott ihr Gebet erhört haben musste.

Sarai:

Gott gab Abram Trost. Ich merkte, wie seine Kräfte wieder zurückkehrten. Aber einen Sohn schenkte er uns nicht. Es hatte nichts gebracht, Abram von Lot zu trennen. Zumal die äusserliche Trennung noch lange nicht bedeutete, dass Lot auch den Platz im Herzen Abrams verloren hätte. Das wurde mir schmerzlich bewusst, als wir Meldung bekamen, dass Lot in einen Konflikt zwischen den Königen in seinem neuen Heimaltland hineingeraten war. Die Könige seiner neuen Heimatstädte wurden besiegt. Fremde Könige plünderten die Städte. Auch Lot und seine Habe wurde verschleppt. Abram zögerte keine Sekunde, als er die Nachricht von der Entführung Lots bekam. Er jagte mit seinen Männern den fremden Königen nach und befreite Lot. Er kämpfte für Lot. Lot blieb sein Sohn. Er hatte ja keinen anderen.

So stand es also um uns. Wir konnten uns noch so sehr gegenseitig unterstützen. Ich konnte um meine Selbstachtung ringen. Ich konnte Abram den Rücken stärken. Abram konnte den Boden abschreiten, auf dem unsere Hoffnung aufblühen sollte. Es wuchs trotzdem nichts. Die Zeit verrann. Wir wundern älter. Verblühten langsam. Und es wuchs keine Frucht. Unsere Ehe brachte keine Frucht hervor.

Auch Abram begann langsam zu zweifeln. Nun war es nicht mehr einfach nur die Traurigkeit über den Abschied von Lot, die ihn nieder drückte. Er glaubte nicht mehr, dass ich jemals ein Kind bekommen würde. Immer deutlicher wurde mir das bewusst. Immer mehr geriet ich ins Wanken. Wenn Abram seinen Glauben verlor – dann hatten wir nichts mehr! Erst jetzt wurde mir bewusst, wie sehr ich mich die ganze Zeit auf Abrams Vertrauen verlassen hatte. Ich selber hatte in mir keine Hoffnung. Ich hatte Kampfgeist – aber kein Vertrauen. Wie verschieden wir doch waren. Ich konnte nicht leben ohne ihn. Ich konnte nicht leben ohne seine Hoffnung. Er musste seinen Glauben wieder finden! Er musste! So ging es nicht. Ich drehte beinahe durch. Je weniger Sicherheit ich bei Abram wahrnahm, umso wilder begann sich mein Überlebenstrieb zu regen. Ich musste etwas tun. Dann musste i c h uns halt helfen.

Abram:

Ich glaubte nicht mehr, dass wir noch ein eigenes Kind bekommen würden. Ich begann mich zu arrangieren. Versuchte mich abzufinden mit den Tatsachen. Es war nun mal so, wie es war. Man konnte nichts dagegen tun. Natürlich wusste ich, dass Sarai da anderer Meinung war. Ich spürte die Erwartung von ihrer Seite, dass irgendetwas geschehen musste. Aber was sollte denn geschehen? Gottes Pläne waren anscheinend anders als unsere Vorstellungen. Das musste man lernen anzunehmen und zu akzeptieren. Durch eigenes Tun und Machen konnten wir daran auch nichts ändern. Sicher – ich war auch enttäuscht. Ich hatte mir das alles ja auch anders vorgestellt. Auch ich hatte auf ein eigenes Kind gehofft. Aber nun bekamen wir es halt nicht. Meine Träume rannen mir wie Sand durch die Finger. Ich konnte sie nicht mehr festhalten. Sarais Pochen und Drücken auf Verwirklichung der Träume, zerbröckelten sie erst recht. Ich verlor meine Gabe zu Vertrauen – und ich konnte nichts dagegen tun. Aber Gott hatte Sarai und mich nicht zufällig zusammengefügt. Er brauchte Sarai für mein

Wachstum, genauso wie er mich für Sarai brauchte. Sarai zerschlug mir all mein eigenes Hoffen. Genau dadurch aber wurde ich wieder frei, mich mit Gottes Hoffnungen füllen zu lassen. Hoffnung ist ein Geschenk. Sie muss ein Geschenk bleiben – sonst verliert sie ihr Wesen. Dafür muss sie immer wieder zerbrochen und neu geschenkt werden. Immer wieder. Ich hatte die Gabe, mich beschenken zu lassen. Diese Erkenntnis öffnete mir den Himmel. Jeder Stern ein Geschenk. Ich musste nicht selber hoffen. Ich musste nur immer wieder meinen Blick zum Himmel richten und mich von Gott beschenken lassen. Unsere Nachkommenschaft würde so zahlreich sein wie die Sterne im Himmel. Immer wieder wird sich der Himmel verfinstern und ich werde die Hoffnung nicht sehen. Genauso wie die Sterne oft nicht zu sehen sind. Aber sie sind da. In der tiefsten Nacht habe ich wahrhaft zu hoffen gelernt. Nicht die Hoffnung, die aus mir selber kommt – sondern den Blick zum Himmel. Sarai hat mit ihren Erwartungen an mich mit geholfen, mein Vertrauen ganz auf Gott zu setzen. Jeden Glauben an mich selber hielt ihrem Druck nicht stand. Und das war gut so. So wurde ich zum Vater des Glaubens. Meine Frau half mir dabei. Gott hatte unsere Ehe-Bund geschlossen, damit er einen Bund mit mir schliessen konnte. Wir waren verbunden für immer.

Sarai:

Mein Plan war, dass ich uns ein Kind verschaffen würde über meine Magd. Meine Magd war mein Eigentum – also würde ihr Kind auch mein Kind sein. Ich musste etwas tun. Wenn ich nichts tat, dann tat ja niemand etwas. Abram tat, wozu ich ihn aufforderte. Aber ich ertrug es nicht. In meinem Kopf war alles so klar und einfach gewesen. Aber in Wirklichkeit hielt ich es nicht aus. Eifersucht zerfrass mich. I c h wollte doch ein Kind. Nun bekam Hagar, meine Magd, eins. Ich war nicht Hagar. Ich konnte nur daneben stehen und zusehen, wie eine andere das Kind bekam, das ich hätte gebären wollen. Es machte mich fix und fertig, ihren Bauch wachsen zu sehen. Sie ging so völlig auf in ihrer Schwangerschaft. Sie strahlte richtig – und ich wurde neben ihr zum Schatten. Wieso durften andere Kinder bekommen – aber ich nicht? Der alte Schmerz brach wieder ganz neu auf. Ich wurde unerträglich. Ich ertrug mich selber nicht mehr. Meine Eifersucht, mein Neid, meine Unfähigkeit, meine Unfruchtbarkeit – ich hatte so genug von mir. Es wunderte mich nicht, dass Hagar vor mir floh. Ich wäre ja selber am liebsten vor mir weg gelaufen. Daher war es für mich beinahe unfassbar, als Hagar nach ihrer Flucht in die Wüste, wieder zu mir zurückkehrte. Es war für mich, als wenn Gott mir dadurch sagen würde: Schau, ich habe dich gesehen, ich weiss, wie du dich fühlst; und wenn du dich auch selber nicht mehr ertragen kannst – ich halte dich aus. Ich bleibe bei dir. Vieles hatte sich in mir durch dieses Erlebnis verändert. Ich habe gelernt, dass ich Fehler mache; dass aber Gott mit meinen Fehlern umgehen kann. Gott hat mich machen lassen. Er hat meinen Kampfgeist nicht getadelt. Ich habe gekämpft, weil ich nichts anderes tun konnte als kämpfen. Gott hat mich als Kämpferin geschaffen. Er will, dass ich kämpfe. Er geht davon aus, dass dabei auch Schläge daneben gehen. Aber er bleibt bei mir. Er hält zu mir.

Abram:

Es war nach dieser intensiven Zeit, als Gott uns einen neuen Namen gab. Ich war nun nicht mehr Abram, der erhabene Vater. Meine eigene Erhabenheit hatte ich verloren. Aber Gott machte mich zu Abraham, ein Vater der Menge, ein ganz normaler Vater und genau dadurch der Vater von vielen. Meine Frau Sarai wurde zu Sara, der Fürstin. Sie war die erste, die Kämpferin, die voran ging.

Nun erst waren wir bereit, die Eltern unseres Kindes zu werden. Nun waren wir bereit dafür, dass Gottes Verheissung sich in unserem Leben erfüllen konnte. Nach all den vielen Jahren kam die Erfüllung. Fülle des Lebens. Ein Sohn wurde uns geboren. Die Verheissung ruht auf seinen Schultern.

Printed by Books on Demand GmbH, Norderstedt / Germany